Zhongguo Wenhua Zhishi Duben

中国文化知识读本

青花瓷

主编 金开诚
编著 王燕

吉林出版集团有限责任公司
吉林文史出版社

图书在版编目（CIP）数据

青花瓷 / 王燕编著 .—长春：吉林出版集团有限责任公司：吉林文史出版社，2009.12（2022.1 重印）

（中国文化知识读本）

ISBN 978-7-5463-1680-2

Ⅰ . ①青… Ⅱ . ①王… Ⅲ . ①青花瓷（考古）– 简介 – 中国 Ⅳ . ① K876.3

中国版本图书馆 CIP 数据核字（2009）第 236891 号

青花瓷

QING HUA CI

主编/ 金开诚 编著/王燕

项目负责/崔博华 责任编辑/曹恒 崔博华

责任校对/王明智 装帧设计/李岩冰 刘冬梅

出版发行/吉林文史出版社 吉林出版集团有限责任公司

地址/长春市人民大街4646号 邮编/130021

电话/0431-86037503 传真/0431-86037589

印刷/三河市金兆印刷装订有限公司

版次 /2009 年 12 月第 1 版 2022 年 1 月第 4 次印刷

开本/650mm×960mm 1/16

印张/8 字数/30千

书号/ISBN 978-7-5463-1680-2

定价/34.80元

《中国文化知识读本》编委会

关于《中国文化知识读本》

文化是一种社会现象，是人类物质文明和精神文明有机融合的产物；同时又是一种历史现象，是社会的历史沉积。当今世界，随着经济全球化进程的加快，人们也越来越重视本民族的文化。我们只有加强对本民族文化的继承和创新，才能更好地弘扬民族精神，增强民族凝聚力。历史经验告诉我们，任何一个民族要想屹立于世界民族之林，必须具有自尊、自信、自强的民族意识。文化是维系一个民族生存和发展的强大动力。一个民族的存在依赖文化，文化的解体就是一个民族的消亡。

随着我国综合国力的日益强大，广大民众对重塑民族自尊心和自豪感的愿望日益迫切。作为民族大家庭中的一员，将源远流长、博大精深的中国文化继承并传播给广大群众，特别是青年一代，是我们出版人义不容辞的责任。

《中国文化知识读本》是由吉林出版集团有限责任公司和吉林文史出版社组织国内知名专家学者编写的一套旨在传播中华五千年优秀传统文化，提高全民文化修养的大型知识读本。该书在深入挖掘和整理中华优秀传统文化成果的同时，结合社会发展，注入了时代精神。书中优美生动的文字、简明通俗的语言、图文并茂的形式，把中国文化中的物态文化、制度文化、行为文化、精神文化等知识要点全面展示给读者。点点滴滴的文化知识仿佛繁星，组成了灿烂辉煌的中国文化的天穹。

希望本书能为弘扬中华五千年优秀传统文化、增强各民族团结、构建社会主义和谐社会尽一份绵薄之力，也坚信我们的中华民族一定能够早日实现伟大复兴！

目录

一 制造青花瓷所使用的青料

（一）苏麻离青

即苏泥麻青、苏勃泥青、苏泥勃青等。其名称的来源，一说是来自波斯语“苏来曼”的译音。这种钴料的产地在波斯卡山夸萨姆村，村民们认为是一个名叫苏来曼的人发现了这种钴料，故以其名字来命名此料。另一种说法是，苏泥麻青应为苏麻离青，是英文smalt的译音，为一种蓝玻璃。此料属低锰高铁类钴料，故青花呈色浓重青翠，有“铁锈斑痕”，俗称“锡光”。元青花的一部分和明永乐、宣德官窑所用青料均是这种，产地均在古波斯或今叙利亚一带。

（二）平等青

二龙戏珠青花瓷盘

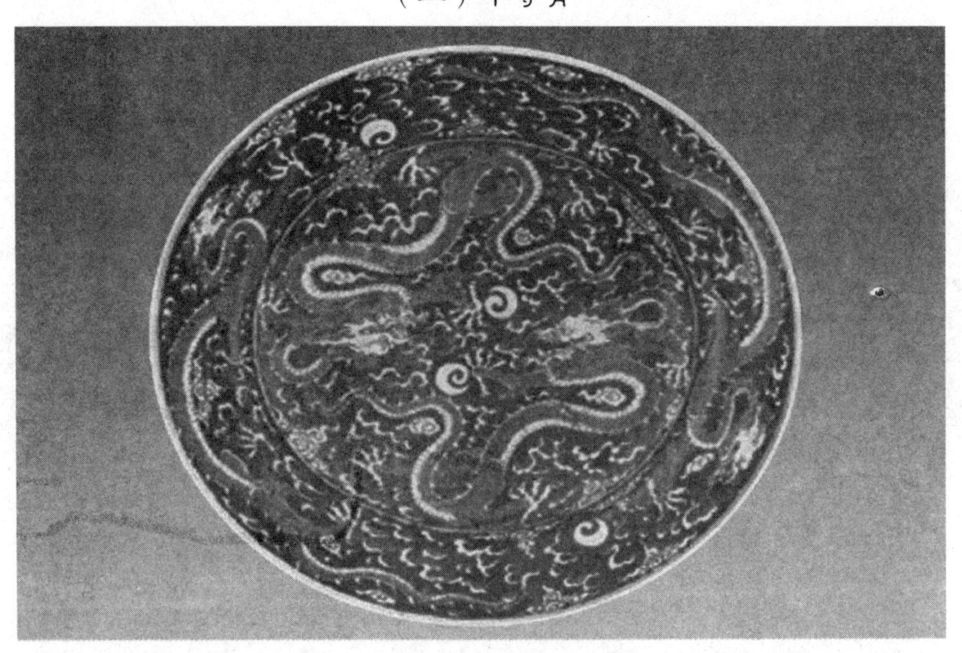

陶瓷青花料之一。又称为“陂塘青”，为明代成化到嘉靖中期景德镇青花瓷器使用的主要色料。产于今江西乐平，平等青花色以淡雅著称。成化青花用平等青料，呈色蓝中泛灰青，清澈而明晰。

龙纹青花瓷坛

（三）石子青

又称石青，陶瓷青花料之一。亦称“无名子”，产于江西。此料单独使用时，青花发色灰暗甚至发黑，明清两代民窑普遍采用此料，官窑则用于与回青调和使用。

（四）回青

陶瓷青花料之一，为石青中之最贵者，有产于西域、新疆、云南等多种说法。此料发色菁幽泛紫，若单独使用则混散不收，故多与石子青混合使用。明代嘉靖至万历前期多用此料。其中分上青：混入石子青10%，用于混水（填色），发色青亮；中青：混入石子青40%，用于设色（勾勒轮廓），笔路分明清晰。

（五）浙料

又称浙青，产于浙江绍兴、金华一带。国产料中以浙料最为上乘，其发色青翠，

清代青花鱼藻纹缸

明代万历中期

（六）明珠料

陶瓷青花料之一。产于云南宣武、会泽、宜良等县，其中以宣武料最好。此料发色明丽纯正，康熙青花多采用此料。

上述国产钴料多属高锰类。

（七）化学青料

即用化学制品氧化钴配制的青料。发色紫蓝、纯粹、浓艳，但轻浮而缺乏附着力，价格也低廉。使用此料制作的青花瓷，缺乏天然青料的美感。

二 青花瓷的款识

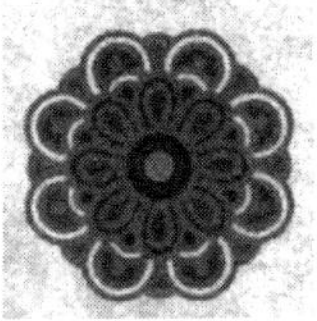

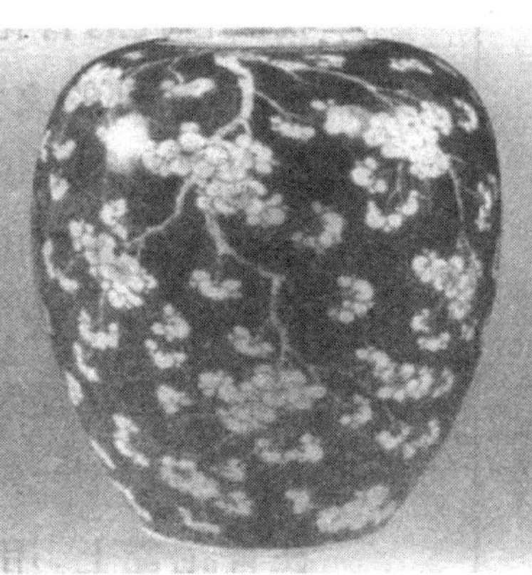

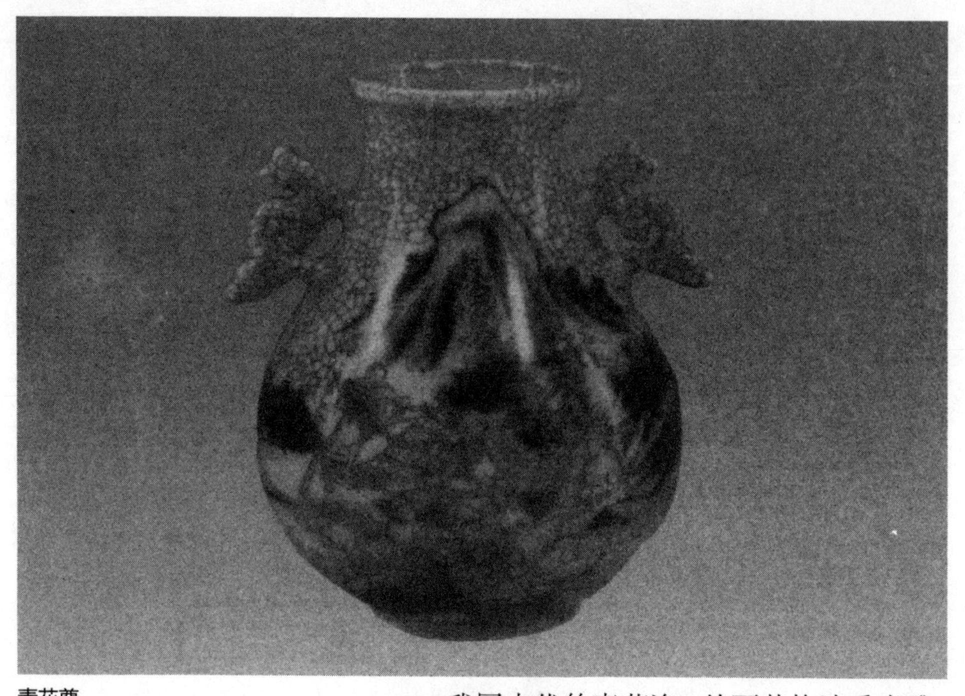

青花尊

我国古代的青花瓷，绘画装饰清秀素雅，瓷器底部的文字，图案款识种类繁多，各个时期的款识均有鲜明的时代特征。根据青花瓷款识的形式、种类来看，主要可分为纪年款、吉言款、堂名款、赞颂款和纹饰款等五大类。

（一）纪年款

在青花瓷上，用写、刻、印等方法标明瓷器烧制年代的款识，称为纪年款。我国古代瓷器款识，多以纪年为主。明代永乐年间，在青花瓷上开始出现纪年款，篆书字体飘逸流畅，边饰莲瓣纹。

（二）吉言款

即在青花瓷器上书写含有吉祥寓意的词句（民间青花瓷上常见到）。字体多为行草，潇洒飘逸，一气呵成。如“福寿康宁”“长命富贵”“万福攸同”等语句，表达了人们对幸福生活的向往。

（三）堂名款

以典雅的堂名、人名书写在瓷器上，作为私家收藏的标志。堂名款瓷器制作精良，有很高的收藏价值。

（四）赞颂款

寄托了陶瓷艺术对瓷器的喜爱之情，如“玉石宝珍”“今古珍玩”等。风格清

清代青花冰梅罐

山水人物青花瓶

新俊逸，很有艺术性。

（五）纹饰款

又叫“花样款”，它以简练的图案装饰器底，为民间青花瓷的特色款识，与篆刻中的“肖行印”有异曲同工之妙。图案有博古图、暗八仙、八吉祥等。

三 各个时期的青花瓷

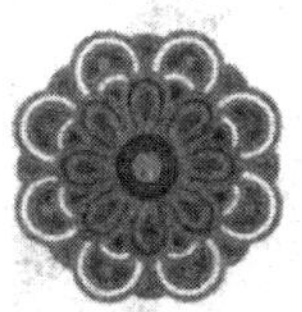

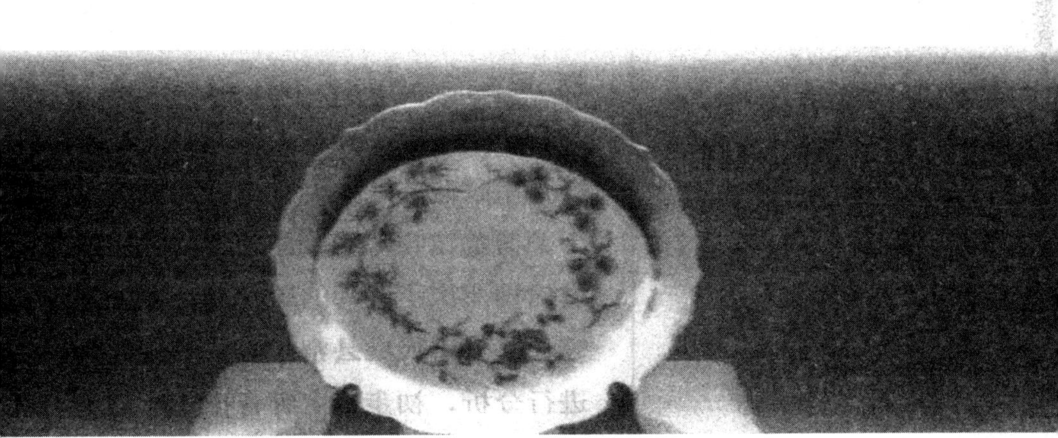

唐代青花瓷

（一）唐青花

唐代的青花瓷是处于青花瓷的滥觞期。现在能见到的标本有二十世纪七八十年代出土的青花瓷残片二十余片；香港冯平山收藏的一件青花条纹复；美国波士顿博物馆收藏的一件花卉纹碗等。通过对扬州出土瓷片的胎、釉、彩进行研究，并对唐代巩县窑的物质和技术条件进行分析，初步断定唐青花的产地是河南巩县窑。近年来在巩县窑窑址出土了少量青花瓷标本，由此进一步确定了唐青花的产地就在河南巩县窑。

从扬州出土的青花瓷片来看，其青料发色浓艳、带结晶斑，为低锰低铁含铜钴料，

应是从中西亚地区进口的钴料。胎质多粗松，呈米灰色，烧结度较差。底釉百中泛黄，釉质较粗。胎釉之间施化妆土。器型以小件为主

（二）宋青花（960—1279年）

唐青花经过初创期以后，并没有迅速发展起来，而是走向了衰败。到目前为止，我们能见到的宋青花只有从两处塔基遗址出土的十余片瓷片。一处是 1957 年发掘于浙江省龙泉县的金沙塔塔基，共出土 13 片青花碗残片。该塔的塔砖上有绝对纪年北宋“太平兴国二年”（977 年）；另一处是 1970 年在浙江省绍兴市环翠塔的塔基，出土了一片青花碗腹部的残片。该塔

宋代青花碗

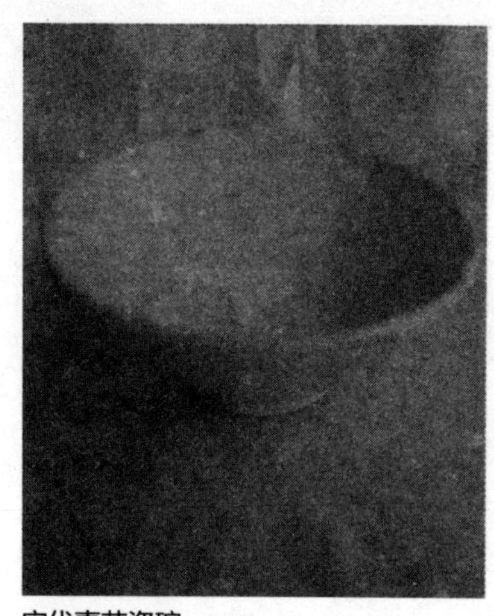
宋代青花瓷碗

塔基出土的塔碑证明此塔建于南宋咸淳元年（1265年）。

这十余片宋青花瓷片，都是碗的残片。胎质有的较粗，有的较细。纹饰有菊花纹、圆圈纹、弦纹、线纹等。青花发色前一处的较浓、发黑；后一处的较淡。发色较黑者，应是外罩透明釉太薄的缘故。浙江省本身就有着丰富的钴土矿，这些青花瓷应该就是使用了本地的钴料。它们与唐青花并无直接的延续关系。

（三）元青花（1271—1368年）

成熟的青花瓷出现在元代的景德镇。

元青花瓷的胎由于采用了“瓷石＋高岭土”的二元配方，使胎中的三氧化二铝含量增高，烧成温度提高，焙烧过程中的变形率减少。多数器物的胎体也因此厚重，造型厚实饱满。胎色略带灰、黄，胎质疏松。底釉分青白和卵白两种，乳浊感强。其使用的青料包括国产料和进口料两种：国产料为高锰低铁型青料，色呈青蓝偏灰黑；进口料为低锰高铁型青料，色呈青翠浓艳，有铁锈斑痕。在部分器物上，也有国产料和进口料并用的情况。器型主要有日用器、供器、镇墓器等类，尤以竹节高足杯、带座器、镇墓器最具时代特色。除玉壶春底足荡釉外，其他器物底多砂底无釉，见火石红。

1. 元青花瓷的胎体

景德镇瓷器用料有一个渐变的过程。唐五代时，瓷胎由单一的瓷石构成，宋末元初起，发明了瓷石掺和高岭土的二元配方，有些原料中高岭土达 20%。二元配方使瓷胎中三氧化二铝（Al2O3）的含量得以提高，这样能最大限度地减少瓷胎在高温条件下的变形，保证了大件器物的制造，同时提高了烧制温度，使瓷化程度增加。在此基础上，景德镇烧出了体型巨大的青花器，有直径近 60 厘米的大盘和高达 70

宋代青花瓷碗

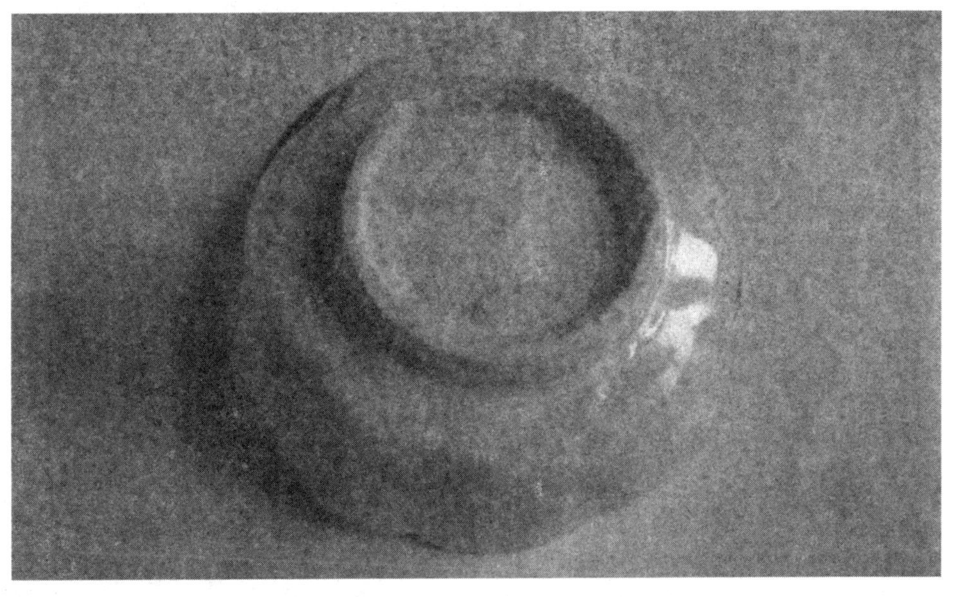

元代青花松竹梅纹葵口盘

厘米的大瓶。

元代青花瓷的制瓷原料就采用了瓷土加高岭土的“二元配方”。其胎料主要有两类:一类用进口青花瓷，胎骨较白，稍含灰，手感沉重，致密坚硬；另一类用国产土青料，胎骨灰白，胎体手感轻。元末，有些青花小器胎色土黄，较粗松，用国产青料。元代景德镇瓶、罐之类器型，采用分段制胎，然后再用胎泥黏合而成，粘接处器表往往突起，给人以不平之感，外壁接痕虽经过打磨，但内壁接痕仍清晰可见，器物颈部内侧略加切削，内壁均不修削，所以在器皿的底、腹、口等处胎体接痕表现明显。一般器物的足边不规整，有弯曲现象，这说明元代制胎时不讲究修坯，因此显得较为粗糙。但小型器物也有精致者，胎质显得洁白细腻。

2. 元青花瓷的釉层

景德镇瓷釉历来是用釉果掺以釉灰配制的。釉果是一种风化较浅的瓷石，主要成分是二氧化硅和三氧化二铝，釉灰的主要成分是石灰石。元代时增加了釉果成分而减少了釉灰成分。这样，釉层的三氧化二铝增加而氧化钙减少，改变了釉面状态，使釉层厚度可以增加，釉表光泽柔和。用高倍放大镜观察部分标本的釉层，在密布的雾状小气泡中散落着大气泡，无中等气泡过渡。

元代青瓷葫芦式执壶

3. 元青花瓷的青料

元青花瓷器总体分两种色调，一种呈灰蓝色，较浅淡；一种是深蓝色，较艳丽。传统概念中，色呈灰蓝者为国产料，色呈蓝艳者为进口料。进口青料用于大型、中型或小型元青花上，国产钴料仅用于中、小型器。

4. 元青花瓷的造型

元青花瓷造型独具特色。从制作工艺上看，此时出现了胎体厚重的巨大形体，如大罐、大瓶、大盘、大碗等。但也有精细之作，如胎体轻薄的高足碗、高足杯、盘等。

（1）罐类：大罐，包括高形、矮形、八棱形三种，连盖通常可高达60厘米以上。小罐，包括敛口四系方形、撇口双系瓜棱形、唇口双系鼓腹式、唇口溜肩圆腹双系式等，

元代青花瓷制品

体高一般为7—8厘米；还有鼓式盖罐。八棱器为元时创新品种。

（2）瓶类：有梅瓶、玉壶春瓶、蒜头瓶等兽耳瓶、戟耳瓶，另有富时代特色的四系扁瓶及塔式盖瓶等，其中以梅瓶、玉壶春瓶多见。梅瓶附盖，盖内有一管状子口，与瓶口牢牢套住。

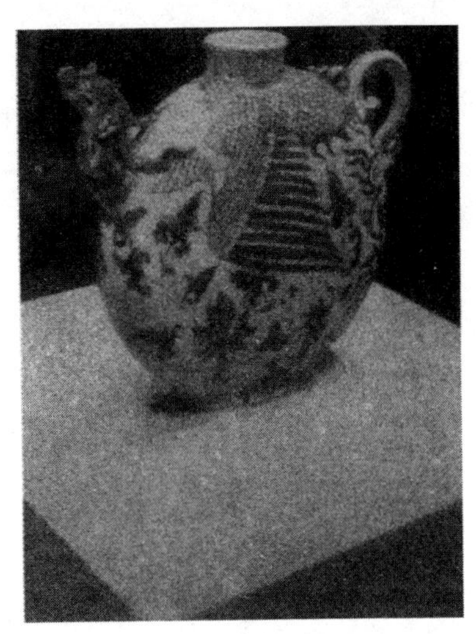

元代青花凤首扁壶

（3）壶类：见于著录的主要有三种，分别是凤流壶、梨式瓶、执瓶，均制作精巧。

（4）碗类：大致分两种，一种为高足碗（有敞口、敛口），一种为大碗，口径达40厘米以上。高足杯体形较小，高仅为10厘米左右，又有靶杯之称。大碗口径一般都在30厘米以上。

（5）盘类：有大盘（口径45厘米以上）、中盘（口径一般为30厘米左右）、小盘（口径15厘米左右）。折沿花口形多见。

总之元青花瓷器造型既有恢弘雄伟的大器，又有秀美灵巧的小器，不论何种器型均形态优美、古朴端庄。

5. 元青花瓷的纹饰

元代景德镇陶工在继承唐宋制瓷成就的基础上进一步创新，弥补了形体上工艺粗糙的不足，使元青花瓷更加精美。

青花与刻花、印花、瓷溯、瓷塑、浅浮雕等等多种技法相结合，绘画充分发挥蓝白的艺术效果，有白地青花、蓝地白花或青花线描为地几种风格。在装饰时，工匠结合不同器型采用不同技法，有的用两三种方法配合或几种方法集中于一体，刻花线条粗犷有力，印花线条圆润耐看，浅浮雕效果立体感强。此外值得注意的是，元青花纹饰绘画方法以平涂为主，并结合勾、皴、点、染技法，线条苍劲有力，显示出元代工匠高超的绘画才能。

6. 元青花瓷的款识

元青花瓷器带款者极少，现藏于英国大维德艺术基金会的一对至正十一年（1351 年）的青花象耳瓶，有用青花书写的 5 行 62 个字："信州路玉山县顺成乡德教里荆堂社奉圣弟子张文进，喜舍香炉花瓶一对，祈保合家清吉，子女平安。至正十一年四月良辰谨记。星源祖殿，胡净一元帅打供。"这属于专门写在供器上的供养款式，有供养人姓名及具体年代，对鉴别器物年代具有重要参照意义。至正为元末顺帝的年号，这对瓶应为元代晚期青花瓷的代表作品。

青花瓷罐

此外，见于著录的还有"大元至元戊寅

元代鳜鱼青花瓷

六月壬寅吉置”名款的青花釉里红塔式四灵盖罐和“元至元戊寅五月”铭文的青花釉里红楼阁谷仓。“戊寅年”为元至元四年，即1338年。

另外，还有些元青花瓷在底部或盖里墨书一两个字，也有的在碗心以青花题词题字。1980年江西高安县出土了一件青花高足杯，杯底心草书“人生百年常在醉，算来三万六千场”诗句，诗意豪放，符合元人游牧民族的性格。

7. 元青花瓷的官窑器和民窑器

元代青花瓷器中的官窑器和民窑器仅能从纹饰上加以区分。原因是自元代延祐元年（1314年）开始，政府明确规定“双角五爪龙纹”及“麒麟、鸾凤、白兔、灵芝”等纹饰，臣庶不得使用。因此凡有禁用纹饰的青花瓷器也是民窑受命而生产的官窑器，但不画这些纹饰的元青花瓷中也必有相当一部分是官窑器。而元青花中的三爪、四爪龙纹及制作较粗糙的器物基本为臣、庶所用的民窑产品。

（四）明清青花瓷

明清时期是青花瓷器达到鼎盛又走向衰落的时期。明永乐、宣德时期是青花瓷器发展的一个高峰，以制作精美著称；清康熙时以“五彩青花”使青花瓷发展达到了顶峰；清乾隆以后因粉彩瓷的发展而逐渐走向衰退，虽在清末（光绪）时一度中兴，但最终却无法延续康熙朝的盛势。总的说来，这一

龙图案青花瓷

时期的官窑器制作严谨、精致；民窑器物则随意、洒脱，画面写意性强。从明晚期开始，青花绘画逐步吸收了一些中国画绘画技法的元素。

龙凤图案青花瓷罐

1. 明洪武青花瓷

明洪武朝(1368—1398年)，历时30年。明代建国后不久，明太祖在景德镇珠山设立御窑厂，成为明代景德镇最早的官窑，但到目前为止，还未发现真正带洪武官窑纪年款的瓷器实物。南京博物院曾于明故宫玉带河遗址发现了青花云纹残盘和其他一些青花残片，虽然是残瓷，但从其制作的精细上判断，应为洪武官窑器，南京和江西等地区则出土了大量民窑实物标本。总体来说，洪武朝的青花瓷各方面都继承了元代风格。器型粗大，胎体厚重，青花色泽偏灰，图案装饰线条粗疏豪放，改变元代层次多，花纹满的风格，趋向多留白。

(1) 胎釉

洪武青花瓷的胎体比较厚重，但比元代同类产品要薄，呈现出土黄色或者灰白色，手感均比较平滑。因为瓷土淘洗的粗细不同，胎质也有粗有细。官窑器因为工艺精细，一般瓷化程度较高，因而胎体致

几何图形中夹以散叶纹的青花瓷罐

密细白。民窑器大多数胎体略含杂质（氧化铁黑黄色疵点），偶有小片的窑渣粘附，呈浅灰白色。釉层肥厚光润，白中泛青，晚期釉色趋淡，有极淡的卵白色。有些民窑器因为胎体稍粗而呈青灰或灰白色。

（2）青料

洪武官窑青花主要使用含铁量低、含锰量高且淘炼欠精的国产青料，呈色青中带有灰色调，偏浅灰色，有部分铁锈斑深入胎骨，这是由于钴料中含有金属锰、铁等杂质的缘故。一部分呈现淡蓝色，色泽稳定，无晕散，色泽浓密处常能见到散布着一些小杂质点，反倒表现出青花的层次。还有一部分是浅淡色中含深蓝点，有少量晕散。

洪武青花不同于典型的至正青花的翡翠艳丽，不同于永乐、宣德青花的浓艳色泽而有自己的特点。明代永乐、宣德青花多采用进口苏麻离青料烧制，色彩浓艳的背花纹饰中泛出点点银黑色结晶斑。这种青料比国产青料铁的含量丰富，锰含量低。事实证明，青花料若不罩在釉下，烧出后则为黑色，近似唐代时耀州窑白地黑色的作品；如果罩在釉下烧制，成品则为灰蓝色。

（3）造型

黄底蓝龙青花瓷

在造型上多少继承了元代枢府瓷古朴敦厚的风格，尤其是民窑器，如撇口盘、碗类，中部以下胎体逐渐厚重，有的与元瓷一样，或者折腰，或者器心留有叠烧的垫饼痕迹。官窑器则有所创新，着意于摆脱元瓷厚重的风格，为秀美飘逸的永乐瓷的出现打下了基础。

洪武青花瓷不如元青花瓷丰富，大件器物较多，主要品种有特大型碗、大盖罐、菱花口盏托、菱花口大盘、梨形壶、执壶、玉壶春瓶等。

（4）纹饰

洪武青花瓷以绘制为主，辅以堆帖工

精致的青花瓷罐

艺。洪武青花瓷纹饰绘制布局疏朗、简练流畅，改变了元代多层次布局、纹饰繁缛的特点，留有较多白地。官窑器的画风多精细清秀，画法工整，民窑器的则更加自然写实且绘画简练豪放，创造了明代早期的“一笔点画”。

洪武青花瓷所选用的装饰图案与元代、清代相比显得单调，各种折枝、缠枝花卉，以扁菊纹使用最多，也使用一些兽纹，如龙凤纹等。另外，庭院湖石、石栏芭蕉、岁寒三友、鸳鸯池塘、灵芝纹等亦常见。元代习用的杂剧故事、水藻游鱼纹已很少见。碗、盘底心有书草书福、寿字。还有一种采用器内阳文印花，器外青花装饰的做法。

洪武青花的主体纹饰有龙纹、山石纹、牡丹纹、梅花纹、竹纹、松树纹、菊花纹、山茶纹、月季纹、莲纹、芭蕉纹、海水纹等。辅助纹饰有卷草纹、缠枝灵芝纹、双层莲瓣纹、忍冬草纹、回纹、如意云纹、宝相团花纹等。

与元代图案相比，洪武青花已表现出自身的某些时代特征，例如纹饰层次开始减少，茶花叶片和蕉叶中茎留白不填色，西番莲叶和牡丹叶片普遍缩小，明显细瘦，并产生变形，有的叶片有明显的出尖现象。菊纹多绘成扁椭圆形，非常具有时代特征。折枝或者缠枝莲纹大都呈螺丝状，而元代的缠枝莲纹多为葫芦状。同时元代青花瓷叶形较大，为大花大叶，至洪武时则明显缩小，昔日的硕叶纹饰不复再现。图案的布局渐趋疏朗，开始改变元代装饰多层次、满花纹的风格。

着色鲜明的青花瓷罐

（5）款识

洪武青花官窑器至今未见年款。有落款的实物仅有一件梅瓶，肩部篆书“春寿”二字。民窑青花器亦未见年款。

2. 明永乐青花瓷

明永乐朝（1403—1424 年，明成祖朱棣年号）历时 21 年，是明代国力强盛的时期。随着景德镇瓷器业的昌盛繁荣和技术的不断进步，青花瓷以其胎、釉精细、青色浓艳、造型多样和纹饰优美而负有盛名，与宣德青花瓷一道被称为开创了中国青花瓷的黄金时代。

（1）胎釉

永乐青花瓷端庄秀美，器物线条非常柔美流畅。讲究修胎，器形十分规整。瓷胎由于注意淘炼，胎质纯，含杂质少，胎质细腻，胎色洁白，胎体厚薄适度，灵巧凝重，较之洪武朝普遍轻薄一些。

一对青花瓷瓶

永乐时期由于烧造温度的提高，釉面肥厚、细腻、光滑、莹润、平净，绝无橘皮釉纹，有少部分器物釉面开片，以脱胎器名传于世。釉色大多白中泛青，有些呈现出洁白色，接近甜白釉。口沿和底部釉薄处大多为白色或黄色，器物里外釉面较均匀。民窑器普遍有缩釉现象。

（2）青料

永乐青花瓷主要用“苏麻离青”钴料，烧造时有自然的晕散现象。由于苏麻离青含锰量低、含铁量高，从而降低了呈色中的红、紫色调，在适当的火候下就能烧出浓艳的青蓝色，犹如宝石蓝一般的光泽，色彩雅致凝重，鲜艳夺目，层次分明。不过由于青花含铁量高，往往会在青花烧成部分留下黑疵斑点，一条纹理中常见的钴铁结合晶斑，浓重处凝聚为黑色锡光，下凹深入胎骨，用手抚摸有凹凸不平感。也有将进口料和国产料相结合使用的，如以淡色国产料绘云水，浓色进口料绘游龙，使色泽对比鲜明，凸现主题。在传世品中，也有不带铁锈斑黑斑的，青花色泽极为幽雅美丽的瓷器，其使用的青花料

青花瓷壶

还难以确定，估计是淘洗纯度较高的国产钴料或进口国产混合料。

（3）造型

永乐时期青花瓷器造型圆润、灵巧、清秀，不但继承了前朝器形，还吸收了大量外来的元素，制作出了许多创新器物。如梅瓶线条更加流畅，底部较为丰满。玉壶春瓶颈部较洪武时期变细，造型显得更为清秀。僧帽壶比元代也有所变化，线条刚柔相间，匀称端庄。碗的造型多样，有撇口、敛口，大小多种式样。其中有一种墩式碗，口至下腹部线条较直，至近底略收，碗下部比较丰满，足大而浅，为该时期较为常见的，后为宣德时期所仿效。各

青花碗

式大盘亦比洪武时期工艺精细，纹饰多样，绘画技法更加成熟。

（4）纹饰

永乐青花图案形式多样、丰富多彩，纹饰疏朗秀丽、笔意自然，无论是粗笔写意还是细笔描绘，均给人以清秀感，具有鲜明的时代特征。画面多留白地。图画花纹多为双勾填色，一改前朝大笔涂抹的笔法，绘笔用小笔触，往往出现深浅不一的颜色。圆器内外加花，并广泛采用器心绘画的装饰手法。

从总体上看，永乐青花瓷器纹饰布局大多比较疏朗，有少量纹饰布局较为繁密，花纹的绘制一般比较纤细。而模仿西亚地区金属、陶器的制品有的外域风格比较明显，如锦纹、卷枝纹、阿拉伯文字，有些则与中国传统纹饰融为一体或完全采用中国传统纹饰。其中一种在如意耳扁瓶、扁平大壶，花浇上出现的缠枝花纹，其缠枝画法仍保留中国传统方法，但花朵与中国传统画法有别，特别是在缠枝上一侧出现的麦粒状纹或花瓣纹，是我国传统画法中所未见的。

蕉叶纹青花瓶

永乐青花瓷器的装饰纹样除用青花绘制以外，还有少量用金彩描绘及刻画方法表现的。

（5）款识

永乐青花瓷一般无款识，只有极少数有年款。只有官窑压手杯中见有“永乐年制”的四字篆字款，写在器里面中心，围以双圈线、单圈线和花瓣飘带。最宝贵的是青花双狮绣球心款、花心款、鸳鸯围款。民窑产品偶有“福、录（禄）、寿”等款字。

3. 明宣德青花瓷

明代宣德（1426—1435年）年间，景德镇御窑厂烧造的青花瓷器，在中国陶瓷发展史上具有很重要的地位。它以其古朴、典雅的造型，晶莹艳丽的釉色，多姿多彩

青花瓷罐

的纹饰而闻名于世，与明代其他各朝的青花瓷器相比，其烧制技术达到了最高峰，成为我国瓷器名品之一，其成就被称颂为“开一代未有之奇”。《景德镇陶录》评价宣德瓷器:“诸料悉精，青花最贵。”

（1）胎釉

宣德青花胎体比永乐朝厚重，胎质精密细腻、洁白坚硬。梅瓶、大盘、大罐多是无釉白色细砂底，用手抚摸十分光滑，足边有火石红斑点。中小件器物是釉底。

釉面肥厚滋润，光泽柔和不刺眼，多白中泛青，俗称“亮青釉”。釉面不太平整，像橘子皮，俗称“橘皮釉”，极少数有开片。

若在高倍放大镜下观察，釉面充满了大大小小的气泡。宣德朝无论什么品种的瓷器，几乎都是这种釉面。

民窑器胎体使用瓷石加高岭土制成，白净、瓷化程度好，与永乐民窑器相比胎体减薄。有色多为淡卵青色，釉质肥润光亮，釉面有气泡和橘皮棕眼。

（2）青料

青花用料有进口、国产两种，以进口苏麻离青料描绘为主。绘制纹饰时既有单独使用，也有混合使用，往往是根据纹饰的不同而决定使用哪种钴料描绘哪个部位的纹饰。在绘制时常使用国产料淡描勾线，用进口料渲染。

明代青花油灯

明代宣德年间瓷器

(3) 造型

宣德青花造型丰富，形体多种多样，十分富于变化。从几厘米的鸟食罐到几十厘米的大罐、大缸应有尽有。

(4) 纹饰

宣德青花瓷以纹饰取胜，纹饰画得十分规矩，从不出边线。画笔分实笔和勾勒渲染两种，实笔多为细线条，勾勒渲染多为粗线条和纹饰，线条流畅，纹路清晰，有一气呵成之感。纹饰粗犷、随意点绘没有轮廓，俗称“一笔点画”。

综观宣德青花纹饰是取材范围广泛，构图有新意，装饰手法丰富，绘画讲究恢弘壮阔，具有很强的艺术感染力。其主要纹样是缠枝和折枝花卉，有缠枝牡丹、缠枝莲花、缠枝菊花、缠枝灵芝、缠枝牵牛花、松竹悔、宝相花、栀子、灵芝、百合花、束莲、山茶、枇杷、萱草、莲荷水藻、竹石芭蕉。最常见的是以茶花、菊花、牡丹、莲花组合描绘在一起，而且往往是几种花卉交错重复使用。缠枝莲花在宣德青花瓷中也较为多见，多为双边莲瓣。描绘既灵活多变又有较强的规律性，显示了当时装饰艺术的高超及绘画功力的娴熟。

（5）款识

宣德青花款识曾有“满器身”的说法，瓷盘无一例外全部有款，其他则根据器物造型的不同在口沿、耳、颈、碗心、足底、流、腹部均有书写。早期为四字篆款，其他多为楷书。有六字款和四字款。六字款有“大明宣德年制”双圈双行楷书款、六字横款、六字竖款。四字款有双行双圈楷书款、四字横款、四字竖款、四字篆书款。主要是以器物足内中心的青花双圈六字双行楷书款“大明宣德年制”居多，个别用“造”，“宣德年制”四字款较少。民窑器大多书“福”“寿”及梵文。

4. 明正统青花瓷

明代正统（1436—1449年）年间，政

人物绘画青花瓷

治动荡、经济衰退。正统十二年（1447年）皇家颁发禁令不许民窑烧制黄、红、绿、青、蓝、白地青花瓷器，故这一时期瓷器数量较少，正统以及此后的景泰、天顺三朝被称为陶瓷史上的“空白期”。

（1）胎釉

正统青花瓷胎有粗有细，细者洁白细腻，粗者白而不腻，多为民用瓷器。器物底部多为细砂底，有火石红现象。有的加酱色釉口，还有如刀切，凝脂的腻白釉，有淡卵青复釉斑痕、细缩釉点的底面僵白釉，个别见挖足跳刀痕。

（2）青料

这一时期的青花色料比前朝精细很多，以国产青料为主，偶见掺用苏麻离青青花发

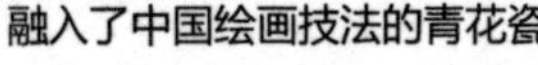
融入了中国绘画技法的青花瓷

色蓝中泛灰、深沉幽暗，色料厚处少见黑色斑点，呈黑褐色，抚摸有凹凸不平感，色料淡薄处呈青灰色，个别处泛蓝色，少有晕散现象，流釉处呈蓝黑色。

（3）造型

正统青花造型继承了宣德器物，器形饱满，有代表的器物有双耳瓶、三足炉、筒炉、龙缸、小鱼缸、笔架、梅瓶等其他器形还有如碗、盘等。其中瓶、炉等琢器出现了带戟耳和带座的器形。

（4）纹饰

正统青花纹饰精致，装饰布局繁密。

主体纹样有：龙纹、狮纹、瑞兽纹、麒麟纹、鱼藻纹、犀牛望月纹、孔雀牡丹纹、貂蝉拜月纹、松竹梅纹、鸡冠花纹、荷花纹、菊花纹、西番莲纹。

辅助纹饰有：卷草纹、莲瓣纹、折枝花卉纹、蕉叶纹、连钱纹、灵芝纹、方胜纹、螺纹、法轮纹、海水纹、云纹、锦纹、回纹、火珠纹、八宝纹、杂宝纹、山石纹。

（5）款识

正统青花未见任何带年款的官窑器，仅见民窑器楷书“正统年制”“正统元年”“正统捌年”款。另外还有楷、草楷、

花纹细密的青花瓷

边纹修饰简单的青花瓷

隶书“福”字款。

5. 明景泰青花瓷

明景泰（1450—1456年）朝仅历时7年，瓷业生产是“空白期”中最低落的时期，青花瓷器基本延续正统风格。

（1）胎釉

胎质比正统年间还要粗糙，器物底部为白砂底。釉层较厚，有细小气泡。釉色白中泛青，呈玉质感。有酱釉口器和青花酱釉弦纹装饰，器物里外釉基本一致。足胎露胎线打磨圆熟，呈“灯草梗”状。瓶类器物大多以三节成形，器物底部中心微凹，底及圈足内壁无釉，器物外壁施满釉，圈足处釉线不整齐。

（2）青料

色料以国产料为主，含钴量低，所以发色清晰，十分适合描绘人物活动场面，钴料厚处发深蓝色，偏灰黑，有褐色斑点，钴料薄处发色清淡，灰绿色，不鲜艳。

（3）造型

最有时代特色的有梅瓶、长颈双耳瓶、连座方耳香炉、净水碗、小碟等，其他器形还有碗、盘、瓶、罐、炉等。

盘以敛口盘为多，足深等于足高的较多。盘、碟开始出现足内壁向心倾斜，足底多平，乳钉少而小。碗的底釉一般较器身为薄，釉面有橘皮纹。

（4）纹饰

景泰青花的主要纹饰有：缠枝花卉纹、折枝花卉纹、菊纹、兰草纹、灵芝纹、卷草纹、福字纹、回纹、锦纹、人物纹、鸳鸯戏荷纹、狮子滚绣球纹、金刚杵纹等

（5）款识

景泰青花的款识从器心移到器底，除福字外，还有“太平年造”“太平”“大明年造”等。景泰青花未见任何带年款的官窑器。

6. 明天顺青花瓷

胎质较粗的青花瓷

各个时期的青花瓷

纹饰简洁的青花瓷

明天顺（1457—1464 年）朝，瓷业开始走向安定。制瓷风格开始趋向淡雅和精致。

（1）胎釉

胎体厚重，多白净，瓷化程度好，修胎较粗。釉质细平滋润，釉色白度高，大多成浅鸭蛋青色，或略含青味。器物表、里、底三面釉质和釉色一致。底釉颜色一般较器身为淡，呈极淡青色或白色。盘、碗均为釉底。

（2）青料

天顺青花以国产料为主，除官窑上品用苏麻离青外，其余皆用国产青料。青花发色以靛青为主，有浓淡两种呈色，颜色深沉者似宣德青花，淡雅柔和的似成化青花。

（3）造型

主要器形有梅瓶、盖瓶、长颈瓶、三足炉、碗、盘等。

（4）纹饰

纹饰风格趋向淡雅，布局疏朗。装饰花纹表现手法宽广，写实或变形的纹样皆有。主要有缠枝牡丹纹、缠枝莲纹缠枝菊纹、折枝牡丹纹、折枝莲纹、折枝菊纹、松竹梅纹、菊石纹、秋瓜纹、海水瑞兽纹、双狮滚球纹、花鸟纹莲池水鸟纹、月华纹、波斯纹。

特有的纹样有各种团花、加藤蔓卷须的花卉、三叠或多叠龟背纹锦、仙人掌状海水浪花、复叶卷草、套叠“卐”字、狭

朴素淡雅的青花瓷器

长三角形、锯齿边缘，叶尖如芒刺的蕉叶，外有双勾葵瓣边缘的蕉叶。

(5) 款识

天顺青花上年号款极少，所见“大明天顺年制”六字两行款的青花小碗，系万历伪托。署天顺纪年款的青花瓷有两件，通体连书波斯文《古兰经》语的三足筒炉。一件由香港收藏家杨永德先生捐赠北京故宫博物院，器口径为16厘米，造型优美，口沿饰回文边饰，器身环写三行波斯文，器底内书“天顺年”三字。另一件现藏于山西省文物商店，炉身里壁与底心分别书有“天顺七年大同马”和“天顺七年大同马氏书”双重款。所书“天字”，酷似成化名器“天字罐”的

青花瓷杯

书法，为天顺青花的明显特征。

另有“天顺五年”“天顺七年”款。

7. 明成化青花瓷

明成化朝（1465—1487年）历时23年，景德镇御窑厂生产全面恢复正常，是我国陶瓷烧造史上重要的历史时期，成化青花可谓明代中期青花瓷艺术的代表。其器突出特点是玲珑秀奇、端巧工细，后人对其评价颇高。成化青花可分为两类：一类为成化初年所制，各方面都与宣德青花相似，尤其是采用进口苏麻离青，更难与宣德青花区分；另一类以胎薄、釉白、青色淡雅为主要特征，是成化青花的代表，与后来弘治青花相类似，故有“成弘不分”的说法。

（1）胎釉

成化青花瓷器胎质洁白、细密、胎体秀美而轻薄，有的近似于脱胎。施釉洁白肥腴，釉质独特，润如凝脂，呈半透明状，若迎光透视，隐约可见胎体泛出淡淡的肉红色，这种釉色是成化青花瓷器的一个重要特征。

（2）青料

成化青花除了前期官窑瓷原有的苏麻离青料外，笔法也如宣德青花一样用小笔

带有写意色彩的青花瓷

触，其青花发色浓重，有浓淡层次和黑褐色结晶斑，与宣德晚期青花非常接近，并和多数浅淡色调同时并存。中晚期主要使用江西乐平县产的陂塘青，也称平等青。色料淘炼精细，含杂质较少，发色柔和淡雅，蓝中闪灰，呈色非常稳定、平静，颇有水墨画风格，与洁白温润的胎釉和纤细的纹饰相衬，分外脱俗。成化民窑青花瓷采用平等青料，青花颜色同样浅淡发灰。用分水方法渲染，轮廓线大多较粗，渲染之分浓淡两色，多为勾勒点染和单线平涂两种方法混合使用。

（3）造型

成化青花器形规整，庄重圆润，玲珑俊秀，制作精巧，表里如一，一改永宣以来雄

山水人物图案青花瓷

健豪放的风格。胎体厚重的大件器物较少，多轻巧圆润的小件，故历来有“成化无大器”的说法。

工艺精细、修胎讲究的青花瓷

（4）纹饰

成化青花瓷纹饰纤细活泼，多用双线勾勒填色法，填色较淡。只用平涂，只分浓淡而不分阴阳，无渲染烘托。绘人物衣着，只绘单色外衣，无内衣作衬托，故有成窑“一件衣”的说法。

（5）款识

成化款似由专人书写，比较规范，字体基本一致。有“大明成化年制”六字双行楷书款，外围为双线方栏，这种款书写在杯底最多，少数盘、碗、洗也有这种款，一般是成化后期的产品。“大明成化年制”六字双行双圈楷书款，在盘、碗、瓶、罐底部为多，有少部分书于碗心。“大明成化年制”六字楷书横款，大多在黄地青花盘外口和高足杯内使用。还有一种特殊的罐，上写“天”字款，无圈框，俗称“天字罐”。

8. 明弘治青花瓷

明代弘治（1488—1505 年）朝，前后共 18 年。据史料记载，此一时期官窑的

龙纹纤细柔和的青花瓷

烧造活动不多，曾几度停烧青花瓷，但民窑的生产并没有受到官窑的影响，各种青花瓷生产仍然较多。弘治青花瓷从器形、纹饰到色彩都是继承成化青花的风格，因此，古陶瓷界历来就有“成弘不分”之说。

（1）胎釉

器物胎体规整，修胎不如前朝精细，底多上釉，仅瓶、罐、炉多为砂底；盘碗等器物有塌底现象，圈足一般低矮，没有高底足器物。圈足光滑圆润，露台处有窑红，器物底部釉面由早期的白色过渡为灰色，到后期呈亮青色。

官窑器胎质与成化青花瓷相同。器物圈

足比较光滑圆润，足墙较成化时矮，内墙直立，深浅不一。釉汁纯净，浑厚的卵白釉和青白釉较多，特别在聚釉处闪淡淡的青色，釉面肥厚滋润。

民窑器前期胎质细腻轻薄，后期渐趋厚实。釉色有三类：①肥厚莹润，呈淡湖水青色；②釉较薄，呈青绿偏灰色，光亮透明；③卵白色釉，腴厚凝脂，透明度差。挖足比成化时略浅，足较矮。

（2）青料

青花色料与成化时基本相同，仍然采用国产的平等青钴料，发色浅淡，不如成化朝典雅，少数发色浓艳的呈灰蓝色。民窑器多数为一笔涂抹的画法。

青花瓷杯盘

青花瓷壶

(3) 造型

官窑器以小件的碗、盘、洗、炉、瓶、罐和高足碗等。罐比较矮，肩由溜肩变为丰肩。诸葛碗是弘治朝创新的器形。

民窑器有卧足灯盏、菱口折沿盘、诸葛碗、长颈小瓶、象耳炉等。

(4) 纹饰

弘治朝的装饰纹样沿袭前朝，较为简单，以龙纹为多见，有五龙、九龙、团龙、云龙、飞翼龙、海水龙、穿花龙、荷塘龙、双龙戏珠等。动物纹还有海八怪、海水瑞兽纹、狮球纹、松鹤纹、松鹿纹等。

(5) 款识

青花瓷碟

弘治朝的官款大都是“大明弘治年制”

青花瓷杯

双行六字楷书双圈款，六字间距疏朗，笔画柔和纤细，一改成化题款硬朗遒劲的字体，没有成化的双框方款。另有“弘治年制”四字篆书款。

民窑有“壬子年造”方款、“大明年造”方款，“福”字方款和银锭图案款等。

9. 明正德青花瓷

明代正德（1506—1521 年）朝，前后共 16 年，青花瓷正处于明代中晚期交替的过渡时期，上承成化、弘治朝，下启嘉靖、万历朝，器物逐渐改变了前朝的精致、纤细、小巧的风格，更多生产出造型凝重的大件器物。正德朝的青花瓷分为三个时期：正德早期青花与成化青花相仿，但数量不

多；中期是正德青花的典型器；晚期因青料改用西域回青，发色浓艳，青花色泽和纹样与之后的嘉靖青花相仿。

方形山水纹饰青花瓶

（1）胎釉

正德青花的官窑器胎体细洁，但厚薄不均，大件器物比较厚重。釉色白中闪青灰，釉层肥润、细腻，釉面光亮，透明度强，釉中气泡较多，器物底面的釉呈亮青色，这是正德青花的标志性特征之一。

民窑器胎体粗重，厚薄不均，接痕明显。碗类底心下塌，有乳钉，圈足有窑砂，露胎处有火石红斑。釉色两种，厚釉浑浊呈鸭蛋青色，有微小气泡；薄釉白中泛青，表面光润。

（2）青料

正德朝的青花色料是采用产自江西上高县的石子青，又叫无名子。色泽青中偏灰，不如宣德朝那样浓翠，也不像成化朝那样幽雅。虽不浓重，但发色很稳定，只有少部分发色深沉，有晕散带褐色铁锈斑，分水只有浓淡两色。正德晚期改用回青，发色浓艳，与之后的嘉靖青花相仿。

（3）造型

正德中期一改前朝盘碗为主的单调局

明正德年间的青花瓷砚台

面，除了继承前朝的盘、碗、罐、尊、壶外，增加了许多新品种和大型器物，文房用具，供器大量生产。

瓶类有梅瓶、双兽耳瓶、双耳瓶、出戟瓶、长颈瓶、葫芦瓶。

罐类有多种器形，大小不一，只要有氏纽盖罐、套口盖罐、方罐、小口罐等。

花盆类有长方、六方、八方、菱花形等多种。

供器类有烛台、扁腹四方形香炉、花瓣形香炉、筒形炉、象耳炉、出戟花觚等多种。

文房用具有笔架、笔盒、四层式圆盒、圆筒式多层盒、砚台、水滴、花插、书桌插屏等。

盘类有撇口式、收口式，圈足都比较高足墙内敛明显，塌底。

（4）纹饰

正德青花开始大量绘制伊斯兰教和道教图案，用波斯文和吉祥图案作为主体纹饰是当时盛行的一种风气，波斯文内容大多是吉祥语句，有些则说明了器物的用途。人物故事的题材比成化、弘治朝更为广泛。

官窑器构图趋向繁密，与成化、弘治青花疏朗明快的风格大不相同，大量采用双勾平涂技法，没有笔触感。纹饰叶、花的脉线十分明显。

民窑器构图趋于疏朗，用笔较为工致，主要有龙纹、缠枝莲、折枝花卉，以鱼纹、奔马、长尾飞翼龙及海螺纹等为突出。乳虎、树石栏杆、松下读书老人、松下乐女等纹样都是正德朝才出现的。

（5）款识

正德官窑款以“大明正德年制”两行六字和“正德年制”两行四字双圈楷书款为多见。四字款并非始于正德，但正德年使用的最多。“德”字和宣德款一样，缺少中间一笔。

10. 明嘉靖青花瓷

人物纹饰惟妙惟肖的青花瓷器

瑞兽纹饰青花瓷瓶

釉质通透的青花瓷瓶

明嘉靖年间的青花龙凤执壶

明代嘉靖（1522—1566年）朝，共45年，期间曾多次爆发农民暴乱，国力衰弱。景德镇官窑开始施行“官搭民烧”制度，由于民窑“钦限”器的烧造促进了制瓷技术进步，缩小了官窑器和民窑器之间的差别，嘉靖民窑精瓷已与官窑器之间无明显差别。

（1）胎釉

官窑器胎质细洁致密，民窑大多粗糙，大件器物胎体比较厚重，制作也粗糙，不注重修胎，有些器物腹部衔接痕比明初还要明显，常有接痕处脱底、断裂现象，器里痕迹更为明显，时有器物变形，足底处理粗糙，有跳刀痕和粘砂，露胎出火石红浓重。

官窑器物釉面滋润光亮，透明釉青灰色，釉面也往后越粗，有隐约的波浪感，个别器物釉厚浑浊。器物底部多施亮青釉，一些口部刷酱黄釉。

（2）青料

嘉靖朝大致使用过三种色料，东平产“陂塘青”、瑞州产“石子青”和西域产的“石青料，而官窑青花瓷几乎都掺和使用回青和石子青。由于青花钴料不同成分、不同比例和烧制温度的不同会产生不同的颜色，嘉靖青花大致可分为三种颜色。嘉靖前期有一种呈黑蓝色的青花，色泽深沉灰暗，有晕散现象，和正德晚期青花发色类似。另一种发色浅淡鲜亮，极富神韵，有成化青花的效果。最具嘉靖朝特点的青花发色浓翠、蓝中泛紫、艳丽而浓烈，是嘉靖青花最上等的颜色。

（3）造型

嘉靖青花种类繁多，造型多样，品种远远超过前朝。主要品种有瓶类、罐类、盒类、炉类、杯类、盘类、塑像等。

（4）纹饰

由于世宗皇帝信奉道教，道教在全国盛行，有关道教内容的纹样也被大量的绘制在青花瓷器上。装饰画面的布局构图趋

明嘉靖年间的青花瓷器

胎、釉细腻的青花瓷

于富丽繁缛，缺乏层次感，但布局比较讲究排列对称，这可能是受到明代缂丝织品纹样的影响，绘画技法上大多采用双勾轮廓线填色，也称“双勾平涂”，填色细致讲究，色彩很少溢出轮廓线外，画风较自然，多写意。

此时比较常见的纹饰有八卦、云鹤、葫芦、八宝、如意、老子讲经、缠枝莲托八宝等。

（5）款识

自嘉靖朝开始，青花瓷上的题字骤增，除了年号款外还有寄托款、吉语佳句等。

嘉靖官款以“大明嘉靖年制”六字双行楷书款为主，另有“大明嘉靖年制”六字单行款、“大明嘉靖年制”六字环形款、“嘉靖年制”四字双行双圈款及十字形排列款、“嘉靖年造”款。有一种六字双行双方栏款，大多写在方形器物上。

独具特色的花字纹饰的青花瓷

民窑款有“大明嘉靖年制”“大明嘉靖年造”“嘉靖年制”“大明年造”“大明年制”“富贵佳器”“上品佳器”等。

11. 明隆庆青花瓷

明代隆庆（1567—1572 年）朝，仅历时 6 年，青花瓷和五彩瓷是隆庆官窑的主要产品，工艺制作精湛。青花完全承袭嘉靖风格，未署年款的青花瓷器，很难与嘉靖、万历朝的区别开来。这一时期已出现“官搭民烧”现象，刺激民窑发展，故隆庆民窑青花中的精品，已与官窑瓷相仿。

浓淡色阶略有变化的青花瓷盘

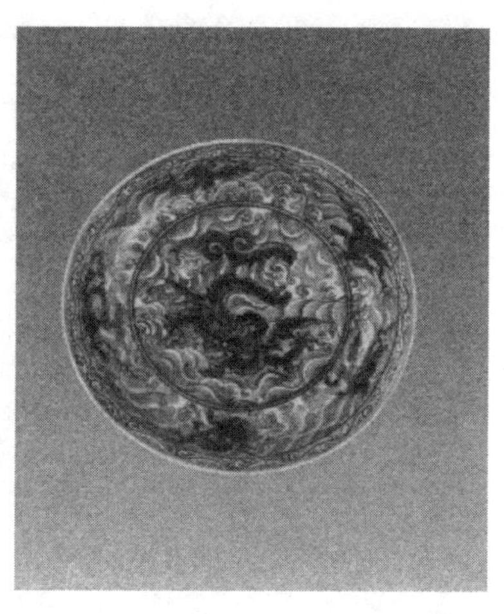

（1）胎釉

这时期青花瓷的胎体较前朝细腻、轻薄，修胎工整，釉面肥润光亮。气泡密集，浮于釉之上层，底足边积釉处闪青绿色。

官窑器胎质洁净坚致，做工精良。底足和器身上的接痕都打磨得很光滑。

民窑器胎薄，釉面白中闪青。

（2）青料

隆庆青花以回青料为主。这时期的青料选料精细，煅烧技术纯熟，在同样使用回青的嘉靖、隆庆、万历三朝中，隆庆朝的青花发色蓝中泛紫，浓重鲜艳，纯正稳定，回青料已被运用的炉火纯青。

（3）造型

隆庆青花与嘉靖朝相似，造型上比较有特点的有团龙纹提梁壶。主要器物有六方壶、花形盒、银锭形盒、方胜形盒，多角形盒有四方、六方、八方形。文房用具有笔架、砚台、水滴等。碗类有撇口、洗口、卧足、墩式和诸葛碗。其他还有盘、杯、缸、鱼缸等。

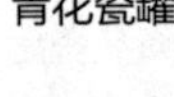

青花瓷罐

官窑器传世品很少，大器很少见，多为

明隆庆年间的青花瓷器

盘碗之类。民窑青花多小件器物。器形有所增多，如六方罐、瓜棱罐、镂空古钱纹狮首纽盖炉、多层套盒、各式盖盒、蟋蟀盖罐、方碟、军持等，多承于嘉靖又有别于嘉靖。

（4）纹饰

装饰图案基本沿袭前朝，但较其豪迈，画意潇洒，布局疏朗，绘画技法主要采用单线平涂，填色工整，很少有溢出轮廓线外。还有用开光的形式来表现纹饰。

主体纹饰有团龙、云龙、双龙戏珠、六龙、九龙、龙凤、蟠螭、团螭、鸳鸯、玉兔、狮、虎、蜜蜂、梅花鹿、鱼藻、鹭鸶、莲荷、攀枝娃娃、仕女婴戏、松下高

明隆庆年间的青花龙凤纹盒

士、瓜果、蕉叶、灵芝、松竹梅、雉鸡牡丹、花枝盘寿等。隆庆朝创新和流行的图案有行书诗句、垂枝花鸟、三凤朝阳等。另外还出现了以马、黄蜂、猴组成的纹饰，即寓意“马上封侯”。

官窑器人物身材修长、神态飘逸。盘碗之类多用蟠螭纹作为边饰。

民窑构图简洁，多见山石兰草、垂枝花鸟、玉兔月亮、松竹梅、蜂鹿、蟠螭等。

（5）款识

隆庆朝带年款瓷器较少。官窑多书“大

明隆庆年造”六字楷书款，有六字双行双圈款、六字双行方栏款，大件器物口沿书六字横行款和竖行款。也有少量的“隆庆年制”款和“隆庆年造”四字双行方栏款。这也构成了隆庆年号款的一个特色，“年造”多于“年制”，绝大多数位于器底。

民窑款、铭比嘉靖时更丰富，有年号款、寄托款、吉语款、颂赞款等。

隆庆款字中“隆”字右下部有的书“生”字，有的书“正”字。官窑款比划粗重挺拔，顿挫有力，结构严谨，藏锋不露。色泽浓重鲜艳。民窑款书写草率，字体密集靠拢。

12. 明万历青花瓷

明代万历（1573—1620年）朝，共48年，是明代历时最长的朝代，这一时期资本主义开始萌芽，社会经济有所发展，由于宫廷和上层社会对于细瓷的追求和废除海禁，致使瓷器产量剧增，青花瓷品种繁多，数量巨大，还出现了专供对外贸易的外销瓷。

（1）胎釉

万历青花胎土淘炼不够精细，所以总体质地不如前朝，较粗松，制作工艺也不如前朝精细。

明万历年间的青花瓷雕鸭薰

明代万历年间官窑青花瓷碗

官窑小件器物胎体精细致密，且白腻，大器稍差，釉面光润肥厚，足内施亮青釉。

民窑器胎体大多厚重，修胎不规整，琢器类有明显接痕，碗、盘类的圈足足径比较大，底足制作粗率，大多为粗砂底，有明显的跳刀痕，个别的是平底或浅宽圈足，底部中心落款处常有凹陷，露胎处有火石红和铁锈斑点。早期的釉面比较细腻、肥厚，光泽度强烈，玻璃质感极好，晚期的釉质稀薄，还常有缩釉现象。

（2）青料

万历早期仍然使用回青青料，发色浓

重艳丽，蓝中泛紫。万历二十四年（1596年），回青料用竭，开始使用浙江产的浙料。由于这个时期对青花钴土矿料有了新的工艺，从传统的水选到火煅，迅速提高了青花的发色质量，使得浙料呈色青翠幽蓝，蓝中泛灰，多有晕散，色调颇具沉静感。

（3）造型

万历朝创造了一些新的器物，有筒瓶、壁瓶、莲花瓣式盘、四吉祥开光花鸟盆、高达73厘米的大瓶和多棱器。主要造型有分撇口式、洗口式、倭角式、出戟式、海棠式，有四方形、六方形、瓜棱形，还有带环耳、兽耳、贴兽纹等。

大型青花瓷瓶

万历青花莲花瓣式盘

(4) 纹饰

万历青花构图繁密、主次不清，稍显凌乱，很多器物里外满工，绘满了装饰图案，甚至在一件器物上绘了不同内容的二十几种吉祥图案。琢器类的瓶、觚等立件，构图简单的全器只用一种题材的纹样绘制，大多采用多层装饰的方法，从两层三层一直多到八九层的都有，每层内容都很丰富。但也有疏朗清秀的，还有的在青花瓷上镂空纹饰，别具一格。

(5) 款识

官窑器大多书青花“大明万历年制”双行六字楷书双圈款，很少使用“万历年制”

四字款，只有和其他字句合用的，如“古周饕餮，万历年制”“万历年制，纯忠堂用”等。

民窑器年号款有“大明万历年制”“大明万历年造”“万历年制”三种。除年号款外也有古语款、赞颂款、图记款等，有“福”“禄”“寿”“万福攸同”“金玉满堂”“玉堂佳器”“富贵佳器”“天禄佳器”等。

13. 清顺治青花瓷

清顺治（1644—1661 年）朝，历时 18 年，由于新政权是在明末战乱的废墟上建立起来的，社会动荡，经济遭到严重破坏，

图案简约的青花瓷盘

颐和园龙纹青花瓷片

百废待兴，政局尚未完全安定下来，御窑厂不可能全面恢复大规模生产，所以景德镇瓷业一度萧条，产量很少。

（1）胎釉

顺治青花胎体偏厚重，胎体有粗、细之分，粗为渣胎，有灰白或灰黄色；细的洁白坚致，瓷化程度较好。顺治青花釉面多数是白中闪青，呈鸭蛋青色，釉层较厚，透明度较差。为了迎合西方人的需要，此时出口的瓷器釉色偏白、偏薄、透亮。为了降低成本，内销的日用粗瓷釉色乳浊肥厚。大部分器物，如大缸、大盘、净水碗、香炉等口沿普遍施一道酱釉。许多琢器的底足不施釉，露胎。

修胎不太规整，并能看到明末瓷器中常见的放射状跳刀痕。器物底部多不沾砂，一改万历以来民窑瓷器普遍沾砂的现象。自万历以来，景德镇瓷器出口量大增，为了节约瓷土原料、降低成本，民窑瓷器不管精粗，一律垫砂烧制，所以此时瓷器的圈足或多或少都沾砂。

（2）青料

顺治青花使用的青料有质量较好的浙料和质量较差的江西土青。青花有多种发色，最好的一种呈翠青色，纯净而略含紫色，这是以浙料为对象而提炼的青料，主要用于画出口瓷器；其次的一种呈淡青色，深沉釉底，含蓄而有韵味，是以浙料和江

纹饰布局繁密的青花瓷

西土青为对象精炼的按比例调制的青料，主要用于画内销高档摆设瓷和庙宇供奉瓷；再次的一种呈灰青色，由于是青料中的下脚料，含杂质较多，青花中普遍带黑褐色斑点，纹饰不清晰，主要用于画粗瓷。

（3）造型

顺治青花的造型，物形体多高大厚重，轻巧的器形不多见，风格上风格趋于简单，朴素典雅、端庄大方。顺治青花以生活用瓷为主，陈设瓷为辅，造型侧重实用性，新创的器形不多，基本是延续明代的传统式样，形制上虽多具明代之遗风，但也出现一些新颖的品种，并在过去基础上加以适当的改进和变化

青花瓷上的书法纹饰

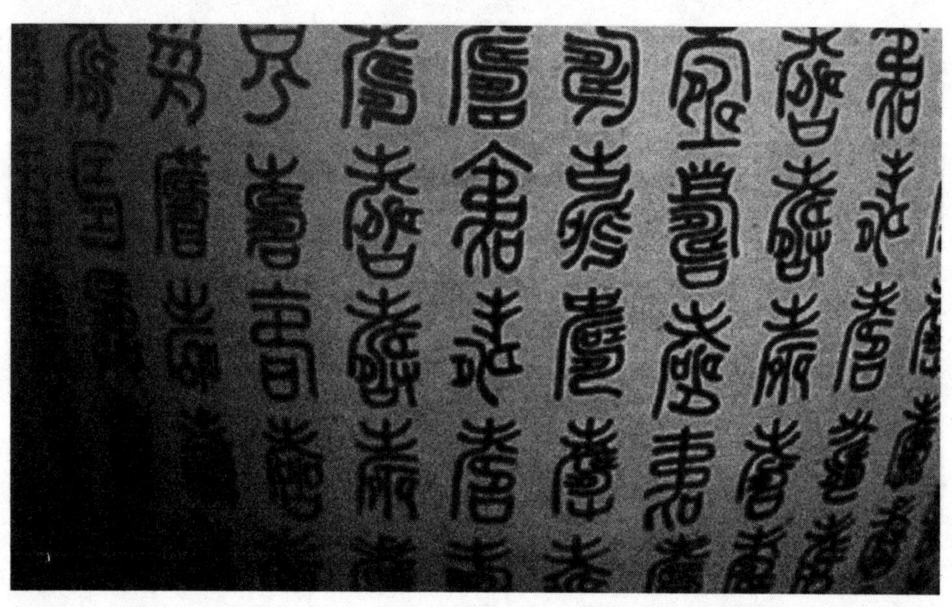

青花洞石芭蕉莲子罐

常见有日常生活用的盘、碗、碟、杯等，还有笔筒、筒瓶（象腿瓶）、蒜头瓶、橄榄瓶、洗口兽耳瓶、观音尊、直口罐、莲子罐、将军罐。

（4）纹饰

顺治青花纹饰画面构图饱满，绘画一改过去单线平涂的方法，采用双勾填色的技法。勾勒线条流畅稳健，填色准确，很少溢出轮廓线，与明万历以来的随意填色有明显区别。总体看，顺治青花装饰上以

龙纹青花瓷盘

山水、洞石花卉纹出现最多，其次是人物纹。纹饰都粗壮稚拙，单纯的带图案性质的花卉纹很少见。

（5）款识

顺治官窑写年款的很少，主要是青花碗和茄皮紫釉盘。朝代款中有的画双圈，也有不画双圈。画双圈的一般圈都很大。字体书写有的具有明代弘治遗风，柔中有刚，字体清晰，书写排列不是太规整，大多歪斜，间距不一。

民窑青花既有楷书也有篆书款，主要写干支纪年款，如“顺治丙戌年（1646年）”“庚子年制（1660年）”“大清丁亥年制（1647

年）”“顺治丁酉年（1657 年）”等，另外还见“大青丁亥年制”。

14. 清康熙青花瓷

（1）概述

清代康熙朝（1662—1722 年），经济贸易发达，康熙十九年景德镇恢复御器厂，青花瓷器取得了突出成就。

康熙青花瓷以胎釉精细，青花鲜艳，造型古朴多样，纹饰优美而负盛名。

康熙青花分为早、中、晚三个时期：早期是康熙元年至康熙十九年；中期是康熙二十年至康熙四十年；晚期是康熙四十年至康熙朝终，其中康熙中期青花瓷器最为突出。

（2）胎釉

早期青花胎体厚重，釉面肥润呈现青白色，有缩釉和小棕眼，器物口部往往刷一层酱釉，底足处理不是很细腻，有粘砂，不光滑现象，器物底足内常见放射状的跳刀痕，许多大盘及琢器的底足出现台阶的形状，俗称“二层台”。双圈足也在这一时期大量流行，尤以大盘居多，里圈都较外圈矮，两圈间无釉。中期青花胎体洁白坚硬，很少有杂质，胎体薄厚适中，注重

狮子碎花图案青花瓷

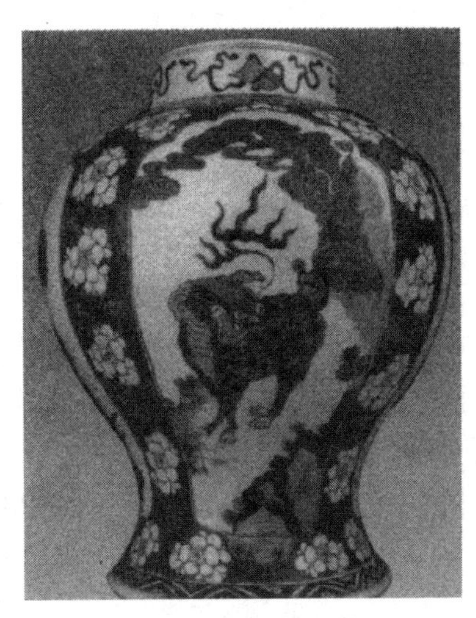

修胎，釉面有粉白和浆白两种，粉白釉面硬度高，浆白釉面略疏松，偶有小开片，还有一种亮白釉。底足露胎处光滑细致，多呈泥鳅背状，少见炎石红，瓷器的质量明显提高胎釉结合紧密，器内外壁及底足釉色基本一致，当时还出现用精细淘洗的浆泥制成的瓷胎，俗称“浆胎”胎体偏轻。晚期青花呈青白釉，亮青釉居多，胎体比中期要轻，底足普遍平切，切削整齐。

（3）青料

早期青花使用浙料，呈色灰蓝，个别发色较灰暗，与顺治青花特点相近。中期青花使用云南省的“珠明料”，这种青花色料提炼精纯，呈色鲜蓝青翠，明净艳丽，清朗不浑，艳而不俗，有的呈宝石蓝色，鲜蓝而不火气，它与明嘉靖青花蓝中泛紫的特征有很大的区别。康熙青花有五个层次的色阶，有“头浓、正浓、二浓、正淡、影淡”之分。这也是康熙青花备受世人推崇的重要原因之一。晚期青花，呈色趋于淡雅，有的泛晕散。康熙朝除了烧造传统的白地青花外，还有浆胎青花、哥釉青花、郎窑青花、蓝地白花、豆表釉青花、青花釉里红、青花加黄、青花加紫青花戗金、青花镂雕等派生品种。

花纹零乱的青花瓷

清康熙年间的青花瓷

（4）造型

康熙青花瓷器的造型，千姿百态，仿古创新。既有陈设瓷，也有日常生活用瓷、祭器、外销瓷等。大件器物多是民窑烧制，尽管体积较大，但极少变形，风格挺拔向上，粗犷豪放，制作规范，丝毫没有笨拙感。中小件器物富有独创性，严谨大方。主要品种有：盘、碗、碟，杯、盒、瓶、尊、壶、罐、炉、钵缸、香熏、笔筒等文具、挂钟等。

（5）纹饰

康熙青花装饰题材广泛，图安布局巧妙合理，与造型有机地结合在一起，尤其是民窑青花在纹饰方面，完全突破了历代

清康熙年间的青花人物扁瓶

官窑图案规格化的束缚，显得更加生动活泼，形式多样，充满生活气息。这种自然的民窑青花，具有很高的审美价值。而官窑青花则代表了当时工艺的最高水平。

康熙青花在绘画技法上，改变了明代青花先勾勒花纹轮廓线，然后涂色的传统方法，即单线平涂，而是采用渲染的技法，在瓷坯上绘画，一种颜色能表现出浓淡深浅多种不同，最多能分出八九种色阶。

题材方面主要有：植物、山水、动物、人物、故事以及长篇诗句等。如：松石鹤鹿、雉鸡牡丹、海水异兽、鸳鸯卧莲、八骏图、花鸟蕉叶、喜鹊登梅、鹭鸶莲花、麒麟蕉叶、牧童骑牛、童子戏莲、八仙、西游记等。

最能体现康熙青花特色的是山水人物，风格上模仿名画家的笔法，立体感很强，画法精细，分色层次鲜明，浓淡相宜。画面效果讲究意境美，整体给人以疏朗清闲的感觉。人物纹中以耕织图、渔家乐图最具代表性，画面有生活情趣。以长篇诗文作为装饰，也是康熙青花的一大特点。多是书写在笔筒上，有《赤壁赋》《圣主得贤臣颂》《滕王阁序》《四景读书乐》等。

（6）款识

康熙青花瓷器的款识，丰富多样。朝代款主要是青花双圈楷书“大清康熙年制”六字款。字体端庄工整，雄健有力，字与字之间距离比较大。

仿明代款有：“大明永乐年制”“大明宣德年制”“大明成化年制”“大明嘉靖年制”“大明隆庆年制”“大明万历年制”，多是楷书。

民窑青花多数不书年号款，往往写堂名款，又称斋堂款。如：碧云堂制、兴裕堂制、兆庆堂制、惟善堂制、慎得堂制、

清新雅致的青花瓷瓶

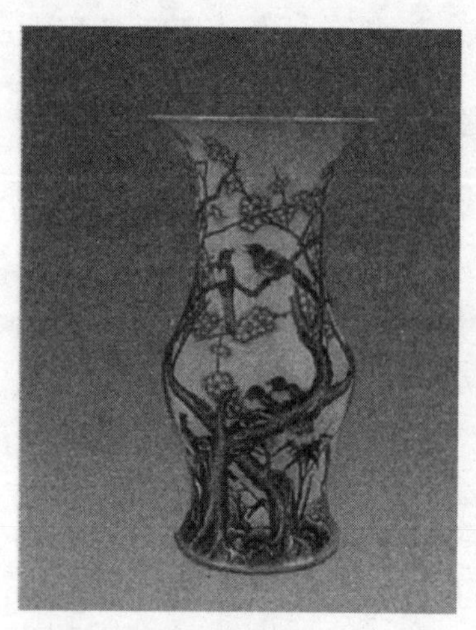

喜鹊登梅纹饰青花瓷瓶

杏林轩制珍玩、丛菊斋制、拙存斋、白云堂依古制、应德轩博古制、全庆堂仿古制、寿古斋得星堂造、芝兰斋制、天宝堂制、琳玉堂制、天琛堂、应德轩博古制、永和堂制、宿云斋、三元堂制、笔花斋制、世锦堂制、中和堂皇制，吉言赞颂款有：永庆奇珍、奇石宝鼎之珍、慎友鼎玉珍玩、益友鼎玉雅制、风流宰相家、青玉宝鼎之珍、有美子斯、文章山斗、益友鼎玉雅制、可林春宴、球琳珍玩、球琳琅轩之珍等。个别器物只是在圈足内画双圈，圈内无字，也有绘树叶、梅花、海螺、小兔、双鱼、荷花、如意、杂宝、银锭等。

15. 清雍正青花瓷

（1）概述

雍正时期（1723—1735 年）为时虽然短暂，但经济发展、社会安定、制瓷工艺突飞猛进，在继承康熙朝制瓷工艺的基础上，又有了许多创新、变化和提高，不仅品种多、题材广泛、造型多样，而且原料的选择和加工也比以前更讲究。从景德镇青花瓷器看，无论造型和装饰，都可以用一个“秀”字来概括，与康熙青花挺拔、遒劲的风格迥然不同，而是代之以柔媚、俊秀的风格。

（2）胎釉

二龙戏珠青花瓷盘

胎体精细，洁白坚致，重量较轻，修胎一丝不苟，看不见旋削痕，薄厚均匀。釉面光亮莹润，玻璃质感强，纯净无瑕，白中微闪青花，带有明代风格。

（3）青料

采用我国浙江产的上等青料，加以精炼。从颜色上看可分两种：一种是色泽幽静匀润，发色较康熙青花柔和淡雅，没有太多的深浅浓淡的色阶，也有少部分是仿明成化的淡描青花，或仿明嘉靖青花的蓝中泛紫，淡描青花经常出现在一些小件器皿上，用笔纤细，淡雅宜人。另一种是青花发色浓重艳丽，色调深蓝，釉中有小气

造型别致的青花瓷壶

泡，釉面有橘皮纹，系仿明代永乐、宣德青花苏泥勃青料风格，由于是用国产料代替进口料加以描绘，只能采取人工浓色堆点的方法，来体现黑色斑点及晕散，比较而言，还是显得死板一些，缺少永、宣青花自然流淌、深入胎骨的效果。

（4）造型

雍正青花在造型上既有继承也有发展，结构精巧，陈设与实用保持完美的结合，形成高雅而朴实的艺术风格。雍正青花善于博采众长，无论是仿古铜器式样，还是对于自然界的花果形态，如瓜、石榴、海棠花等，不是单纯机械的模仿，而是以简洁、洗练的手法来增强其清秀的表现力。康熙青花中广为流行的棒槌瓶、凤尾尊、琵琶尊等器形很少出现，瓷器足部处理也没有前期常见的台阶痕、双圈足，均为滚圆的“泥鳅背”，用手抚摸十分润滑，俗称“灯草根”。除了日常生活用的盘、碗、碟、杯、盅及各种小件文房用具外，还有许多大件琢器及创新式样。

（5）纹饰

雍正青花非常注重纹饰布局与造型的完美结合，能够按照器物的形体，配以适当的构图。用笔精细纤柔，构图疏朗明快，纹饰简洁清晰，强调主题突出。官窑青花

图案简洁明快的青花瓷

菊花图案青花瓷

以绘龙凤及缠枝莲花为代表，画风工丽，花式一致。民窑青花不拘一格，运笔熟练，追求自然随意的画风，具有很强的民间风格。

雍正青花的装饰题材十分丰富，有植物花纹、动物纹、人物纹、吉祥图案等。总体上看，雍正青花绘画技法多样化，纹饰中大量使用团花、皮球花、过枝花，图案整体感强，规矩中富于变化，有很好的装饰效果。

（6）款识

雍正青花的款识主要是在器物底足内写青花“大清雍正年制”六字楷书款。其次是六字篆书款和四字篆书款。四字楷书款极少。从故宫博物院藏品看，大件琢器普遍是六字篆书款，中小件器物又多是写楷书款，个别也写篆书款。仿明代款识有“永乐年制”“大明宣德年制”“大明成化年制”“成化年制”“大明嘉靖年制”。但也有仿明代器物写本朝官款，有的写仿款，有的不写款，对于这种不写年款的仿品要仔细研究分析，如仿宣德青花海水白龙纹天球瓶就有这三种情况。另外比较特殊的是青花四连瓶，在每一个瓶底分写一字，加在一起正好是“雍正年制”四字款。青花六连瓶是在中间小瓶的足内写“大清雍正年制”六字篆书款。

雍正本朝官款一般字体清晰、秀丽、工整，是典型的宋体小楷，字与字之间排列要比康熙官款紧密得多。

雍正青花中的堂名款，与康熙青花相比要少得多，主要有“郎吟阁制”“敬恩堂”“椒声馆”“庆宜堂”“养和堂”“燕喜堂”“立本堂”等。

16. 清乾隆青花瓷

（1）概述

乾隆朝（1736—1795年）共60年，是清代封建社会发展的鼎盛时期，瓷器生产取得了空前的繁荣。乾隆青花仍是当时瓷器生产的主流，承袭康熙、雍正青花的

清雍正年间的青花淡描花卉盘

特点，并在其基础上继续发展创新、提高，体现在制作技巧上达到前所未有的成就。从工艺制作上看，其胎体的成型、青料的绘制等等，每一道工序都是一丝不苟，精工细做，精益求精。

（2）胎釉

胎体洁白细腻，瓷质坚密，胎壁比雍正青花略厚。釉面匀净，多数是青白釉，少量为粉白釉，光泽莹润。

（3）青料

乾隆青花在清代素以“稳定、浑厚、沉着”而著称，使用国产上等浙料烧制。乾隆早期青花发色与雍正青花差别不大，许多青花瓷

清乾隆年间青花牡丹缠枝纹将军罐

器的青料描绘上加重点染纹饰，有橘皮纹、晕散和黑色斑点，主要是仿明代永乐、宣德青花“苏泥勃青”的艺术效果。乾隆中晚期青花发色同样浓重艳丽，但晕散现象逐渐减少。乾隆青花也有一些淡描或纯蓝色的以及浆胎青花，但数量不多。

清乾隆年间青花勾莲如意尊

除了传统的白地青花外，乾隆青花还是派生出许多新品种，把原有的传统工艺提高到一个崭新的阶段。如青花红彩、青花加紫、青花胭脂彩、青花油红、青花斗彩、青花粉彩加金、青花描金、青花釉里红、黄地青花、哥釉青花、天蓝地青花、冬青釉青花、豆青地青花、哥釉青花加紫、冬青釉青花加紫、米色釉青花、蓝地青花加紫、蓝地白花、洒蓝地开光青花、仿木纹青花等。其中青花红彩、青花加紫、青花釉里红这三个品种传世较多。

(4) 造型

既有继承前朝康熙、雍正青花式样，也有仿制明代永乐、宣德青花式样，仿古铜器式样，外销式样，还有创新式样，造型千姿百态，应有尽有。主要是日常生活用瓷、陈设观赏瓷、文房用具等。整体讲究上下对称、规矩。由于创意追求精、奇、

清乾隆年间青花执壶

巧，所以浑厚古拙程度不如康熙青花，柔媚、俊秀程度不如雍正青花，但在工艺技巧上远远超过了康、雍青花。

总体上看，乾隆青花造型已达到无物不备的境地，秀巧的壁瓶、高雅的赏瓶、精湛的镂空转心瓶，以及成双成对的大型陈设瓷如瓶、尊等都非常华美壮观，小件器皿制作上有新意，大件器皿端庄古朴，华贵典雅

（5）纹饰

景德镇御窑厂多是按照朝廷送来的图样描绘，装饰风格以细致、繁缛、华丽为特色，反映民众生活内容的已少见。

乾青花最引人注目的缠枝莲、云龙、八宝纹大量出现。另外还有：荷莲纹、三果图、勾莲、折枝莲、把莲、缠枝牡丹、折枝桃、四季花卉、花蝶、花果、海石榴、九桃、云蝠、宝相花、朵花“寿”字、鱼藻、菊花蝴蝶、竹石、桃蝠、蕉叶、松竹梅、博古、梵文、诗句、过枝梅、鹊梅、鹭莲、芦雁、狮球纹、团鹤、穿花龙、穿花凤、穿花龙凤、松鼠葡萄纹等。

仿古铜器纹饰有：回纹、夔纹、兽面纹、饕餮纹等。多数是用在琢器上。

人物纹：有山水人物、柳下钓鱼、渔家乐、

八仙过海、山水牧樵、人物楼阁、婴戏纹等。人物头部多采用渲染手法。

（6）款识

乾隆青花多数是在器物底足内书写青花“大清乾隆年制”六字篆书款。极少见四字篆款和楷书款。高足盘、高足碗、双连、瓶一般是在足内写篆书六字横款。乾隆本朝官款字体紧凑工整、横平竖直，青花色调浓艳而又深沉，在鉴别真假乾隆青花瓷器时需要注意的一点就是“制”字下半部的“凹”一般呈“凹”样，即出头，这种写法具有鲜明的时代特征。

仿明代款识有：“大明宣德年制”“大

清乾隆年间青花云龙盘

明成化年制”“大明嘉靖年制”。

堂名款：比雍正青花的堂名款多。主要有“和晖堂制”“旭华堂”“百一山房”“宁晋斋”“澹宁斋”“彩秀堂制”“养和堂”“彩华堂”“浴砚书屋”“志勤堂”“庆目堂”“忠信堂”“彩润堂”等。堂名款主要书写属在盘、碗、碟等小件器皿上。

17. 清嘉庆青花瓷

（1）概述

清代自嘉庆（1760—1820年）朝起，国势渐衰。康、雍、乾三朝盛世景观已成为历史，大清王朝的综合国力明显下降。反映在瓷器制作上也是同样，精美绝伦的瓷器日趋减少，景德镇的瓷器生产只能沿袭旧制，没有力量进行创新，不但如此，许多品种因此还有所减少。在这样大的背景下，乾隆以后，青花瓷器的烧制质量及数量已大不如从前。嘉庆朝共25年，此时景德镇御窑厂的规模、瓷器品种和数量上大为缩减。

棱角分明的青花瓷

（2）胎釉

官窑青花瓷胎体洁白，但欠坚密，后期略粗，民窑瓷略粗。釉面光润闪青，细腻润滑，器物足根呈尖状。釉汁有逐渐稀薄的趋势。大器、粗器釉面有“荞麦地”以及“波浪釉”

清乾隆年间斗彩盘

现象。民窑釉面青白稀薄。

另外，在嘉道时期，还有一种豆青釉堆粉青花，烧制是先在胎骨上按花纹图案的大致形状施一层白粉。再在白粉上绘以花纹图案，然后施以豆青釉入窑烧制而成，青花下面的白粉起到衬托青花的作用，使青花色料与豆青釉面色调对比明显，同时堆粉青花的花纹凸起，增强了花纹的立体感。这种堆粉青花最早始见于康熙朝，雍正、乾隆时期继续烧制，到了嘉庆、道光时更加盛行，烧制得更为成功。嘉庆时的堆粉青花施粉比较厚，比较白，立体感强。

(3) 青料

嘉庆青花瓷器使用国产浙料绘制花纹。发色与乾隆晚期常见青花近似，呈色大多深蓝，浓艳而略有晕散。也有浅淡闪灰或稍微鲜亮的，呈色比较稳定，少有晕散，另有淡描青花及浆胎青花，所占数量不多。嘉庆后期，有的青花瓷器的青花色调出现黑暗、浅蓝和飘浮的现象。总的特点是出现浑蓝，呈色飘浮刺目。

除了传统的白地青花外，嘉庆时期也有一些青花派生品种，如：青花红彩描金、青花描金、青花矾红彩、青花胭脂紫、青花釉里红、黄地青花等，与乾隆朝相比品种要少得多。

清嘉庆年间青花龙纹印盒

（4）造型

器型比乾隆朝要少得多，品种也有些变化，属于盘、碗类品物较多，瓶罐类大件器物相对减少。

（5）纹饰

嘉庆青花的纹饰题材丰富，受乾隆青花的影响甚为明显。绘画技巧上，随形变化，笔法纤细、流畅，构图由繁缛逐渐变为疏朗，工笔多于写意。但总的笔法拘谨，构图刻板，布局不及乾隆时期的合理。不过嘉庆早期青花瓷，纹饰相当精细，基本与乾隆瓷相似。

（6）款识

这一时期，纪年款的格式、种类都较前期规矩、单纯，且后代的仿制品很少。嘉庆初年至嘉庆四年仍旧使用乾隆时的红彩写款，有些瓷器依旧署乾隆朝款识，直至乾隆皇帝驾崩。

早期官窑多写青花“大清嘉庆年制”六字三篆书款，个别的也有“嘉庆年制”四字图章款，嘉庆晚期青花多写楷书款，有四字和六字。嘉庆时年款楷、篆并用，但整体上看是以篆书款为主。字体工整，结构谨严，多用青花书写。此时新出现了

色彩浓艳的龙纹青花瓷

线条细密、略有晕染的青花瓷

一种篆书带方框的款式，因其篆书工整，框线整齐，似图章印鉴，故名“印章款”。

民窑器物多数没有款识，偶尔见有“大清嘉庆年制”六字篆书款和“嘉庆年制”四字楷书款。这时的民窑款识，有一些潦草的篆书款，一般者缺笔少画，甚至有的达到不可辨识的程度，图记款也较流行，在器物的底部常画“蝠”的图案，另外还有一些吉祥款、赞颂款、斋堂款。

仿明代款识有“大明宣德年制”“大明成化年制”六字款，以后者居多。

堂名款与吉言款有：“嘉阴堂制”“彩秀堂制”“种芝堂制”“寿颐堂”“懋勤殿”“福

海珍藏”“爱莲珍赏”等。

18、清道光青花瓷

（1）概述

清代道光朝（1821—1850年），前后共29年。

道光皇帝素以俭朴著称，即位之初，首先裁减宫内脂粉费数百万两，对于瓷器也力求简朴，控制费用。所以，道光瓷除了少量官窑精品，大部分瓷器都不能与清三代相提并论。不过，在纹饰上改变了乾隆、嘉庆时期的繁缛装饰风格，出现了一些较为清新的装饰画面。

人物青花瓷器

（2）胎釉

道光青花瓷胎体细白，胎质疏松，没有致密坚硬感，分量轻。一般大件器物胎子厚重，小件器物胎子比较轻薄。

青花瓷瓶

釉面多数粉白釉，少数是仿明代的青白釉，釉是普遍有气泡，釉面不平，有的带疙瘩釉，出现波浪状起伏，俗称“浪荡釉”。胎釉结合不紧密，足根有的圆而粗，多数呈尖状，少量是“泥鳅背”一般小件器物釉面肥厚，呈粉白色。大件器物白中泛青，釉面呈微波起伏状，有的是“荞麦地”。

花鸟图案青花瓷

（3）青料

道光青花使用国产青料描绘，早期产品近仅明代永乐、宣德青花的效果，浓重艳丽，缺乏深沉感，没有晕散和黑色结晶斑，传世品不多。道光二十年以后，青花呈色鲜艳，也有一部分淡雅的近仅淡描青花，大多数显得飘浮。一般官窑器颜色或为蓝中发青，呈色稳定，色泽亮丽，或蓝中略带灰色，呈色淡雅，层次清晰。其青花颜色均不够沉着，而民窑器青花色调暗淡漂浮。

青花派生品种有：青花描金、青花描金墨彩、青花粉彩、青花斗彩、青花红彩、青花黄彩、哥釉青花、青花加紫、青花釉里红、冬青地青花。其中青花粉彩器在当时大量出

纹饰对称的青花瓷盘

青花瓷笔洗

现，如：外粉彩开光花卉里青花碗、外蓝地粉彩花卉里青花碗。

（4）造型

道光青花的造型多是继承前朝式样，创新极少。无论是仿古代名窑，还是仿乾隆、嘉庆朝的作品都很粗笨，胎体往往薄厚不一，比例不协调，最常见的品种有盘、碗、壶、尊、盒、瓶等。

另外，道光青花还有冬瓜罐（创新式样）、将军罐、花觚、温锅、洗、缸、长方盆奁、长方委角茶托、水盛、烛台、折沿盆、渣斗豆等。这时期还烧造了一些在件器皿，比起嘉庆朝要多，胎体普遍厚重，

线条粗犷的青花瓷

有大缸、云龙盆、大盖罐、大盘、六方大花盆等。

整体看，道光青花制作工艺不是很精，进化论大小器皿方正棱角分明，线条不优美，个别较笨拙，瓶类上下比例不是很协调，制作精美的器物很少。

（5）纹饰

图案缺少层次变化，构图趋于疏朗，比较平淡，用笔纤细，花卉描画不活泼，人物有形无神。常见题材有：缠枝莲、鸳鸯荷莲、菊花、石榴、佛手、缠枝桃、缠枝八宝、折枝花、牡丹勾莲、三果、云龙、团龙、云鹤、云凤、夔凤、松竹梅三友图、蕉叶、鹊梅、松鹤、八仙、宝相花、蟠螭、蝠寿、凤牡丹、海水异兽、婴戏、瓜蝶、松石人物、竹蝶、花鸟、山水风景、婴戏、仕女、八仙、鱼藻、博古、八宝、三羊开泰、蝠狮纹等。还有一些用文字作装饰，如“万寿无疆”、梵文“寿”字、戒烟歌等，尤以戒烟歌最具时代特征。

整体看，道光青花纹饰，虽然官窑产品还尽力保持工整细致的特点，但用笔拘谨，构图简单，缺乏活力，寓意喜庆、幸

青花勾莲印盒

青花松鹿盘

福的图案增多，以清装仕女、金石博古和《无双谱》人物为时代特征。有海水云龙纹、龙凤纹、团螭纹、婴戏图、仕女图、八仙、八宝、佛手、石榴、瓜果、花草虫蝶、博古、鱼藻等，更增添了一些前朝不曾有过的纹饰题材，如狗、猫、鸽子、蝈蝈、蟋蟀等，为沉闷的官窑纹饰增添了一些清新的气息。民窑青花画面更是趋于草率和简单化，以吉祥图案为多见，所绘缠枝花卉多用单线条勾画，花叶多为三角形，因绘制较为精细而成为本朝的典型纹样。淡描勾莲纹饰比较常见，所绘线条纤细浅淡。瓶、罐等大器上多有“喜”字。

（6）款识

道光青花的款识，以青花“大清道光年制”三行六字篆书款为主，楷书款极少。字体有力，笔画粗，排列工整，风格近似于嘉庆款。

官窑瓷年款多为篆书“大清道光年制”六字三行款，字外无框，以青花和红彩写款。民窑瓷器多用矾红图章款，书“大清道光年制”六字，字体不甚规矩。

碎花图案青花瓷罐

仿明清款识有：“大明成化年制”“成化年制”“大明嘉靖年制”“雍正年制”“大清乾隆年制”，但是，款识写法与被仿品相差甚远。

这时盛行堂名款，词类款明显比嘉庆朝多，最著名的是“慎德堂制”“退思堂制”款。“慎德堂”是道光皇帝本人的堂名号，款字用侧锋写出，很规矩。“退思堂”款与之相类。另外还有“立本堂”“嘉乐堂”“嘉阳堂”“庆宜堂”“直善堂”“乐静堂”“浩然堂”“履信堂”“聚庆堂”“珠林堂”“惜阳堂”等。堂名款一般都是楷书。

19. 清咸丰青花瓷

清代咸丰（1851—1861 年）朝，共 11 年，政治腐败、经济衰退、英法联军入侵，太平天国革命运动兴起，此时景德镇正处于交战地区，故御窑厂在咸丰五年（1855年）基本停烧，目前所见咸丰官窑瓷器多是在咸丰五年以前烧制的，数量极少。

（2）胎釉

总体来说小件瓷器胎子轻薄，稍粗松；大件瓷胎厚重粗松。修胎不精细，口沿较厚，其余地方厚薄不均。釉面粉白或泛青，基本上都是稀薄的波浪釉。

官窑器胎体轻薄，胎质疏松，釉面白，釉层薄，缺少莹润感，常见“波荡釉”。

咸丰早期民窑青花瓷与道光青花瓷相

纹饰精美、形如满月的青花瓷盘

似，胎质较细。晚期则粗松、笨重。啄器口沿处显厚，腹壁较薄，胎质疏松不够坚致。釉面与道光时相仿，以稀薄的波浪釉为主，早期釉色较白，晚期白种泛青。

青瓷莲花樽

（3）青料

初看颜色深沉稳定，或略艳，或偏黑灰，没有层次感；细看就觉得青花色像浮在釉面上。

官窑器使用国产青料，呈色鲜艳，有的蓝中泛紫。咸丰后期，青花呈色变浅、漂浮。

民窑器的呈色与道光时相似，精细青花瓷呈色鲜艳，粗工青花瓷呈黑灰色、淡蓝色，多有漂浮感。

（4）造型

咸丰朝官窑器形没有创新，基本是延续道光青花风格，常见的有赏瓶、撇口瓶、大小双耳瓶、玉壶春瓶、方瓶、葫芦瓶、觚、渣斗、炉、罐、缸，各式盘、碗（撇口、敞口）、花口花盆、端把茶壶等。据清宫内务府档案记载，咸丰年间的宫中用瓷主要是咸丰三年（1853年）和咸丰四年（1854年）烧造的。

民窑的器形较多，主要有玉壶春瓶、

青花瓷坛

赏瓶、折腹瓶、四方瓶、双耳瓶、罐、花盆、香炉、花口尊、茶壶、盘、碗、杯、碟以及各种盒子等，还有生活用具。

(5) 纹饰

官窑器主要有缠枝莲、鸳鸯莲花、竹石芭蕉、兰草、勾莲、折枝花、松竹梅三友图、竹石芭蕉、双龙戏珠、云龙、云凤、夔凤、云鹤、花蝶、八仙、八宝、仕女、八卦、婴戏、人物、梵文、寿字、三星、寿星、博古等纹饰。寓意纹饰有: 太平有象、三羊开泰、五子夺魁、五谷丰登、蝴蝶探花等。

人物形象大多生硬，面部鼻骨高直隆起有勾，俗称“鹰钩鼻”。这种特殊夸张的手法，为咸丰时较典型的时代特征，并沿用至同治时期。山水层次欠清晰，无立体感。

（6）款识

咸丰官窑青花瓷款识，以楷书为主，字体柔美秀丽，一般没有圈或框，多数是青花“大清咸丰年制”六字楷书款，堂名款很少。

民窑有年号款，“大清咸丰年制”，楷书与篆书并用，以楷书为主，篆书为辅，六字或四字二行。还有印章款，篆书多图

纹饰繁复的青花瓷盘

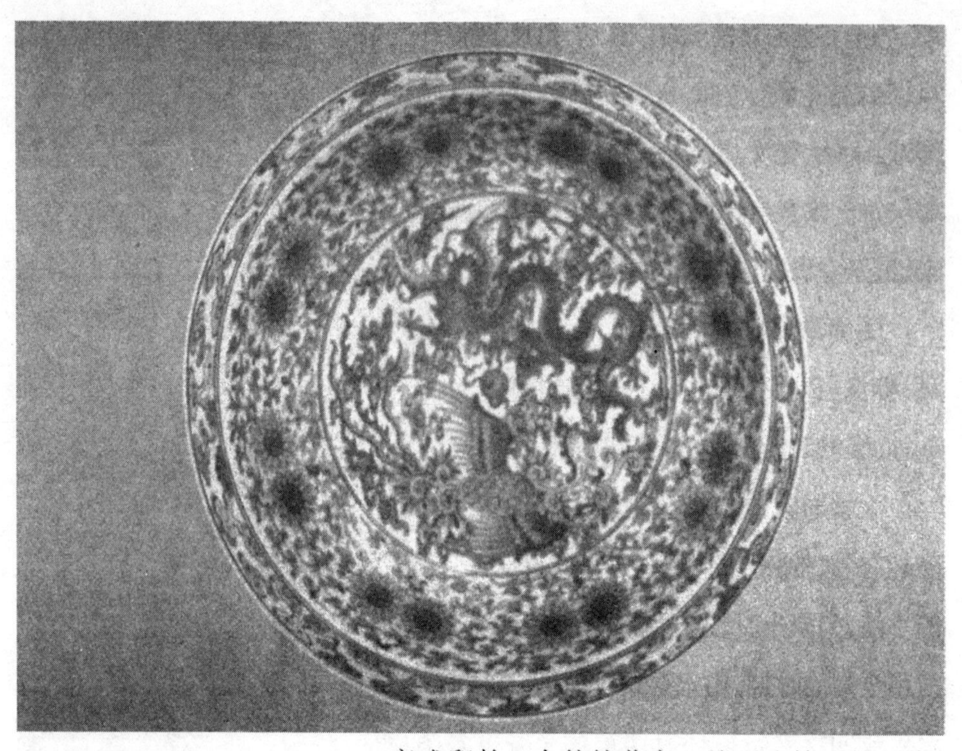

色彩绚烂的青花瓷盘

章式印款，有的较草率，甚至连笔画都不全。

20. 清同治青花瓷

（1）概述

清同治（1862—1874年）朝，共13年，慈禧太后垂帘听政，制瓷业更趋衰落，工艺低下，制作粗糙。景德镇官窑虽恢复生产，但传世精品寥寥无几。

（2）胎釉

同治官窑青花的胎体与咸丰青花相差无几，白而不精，稍厚重，有的釉色灰暗不清，透明感较差。啄器线条挺直、生硬，略显笨拙，小件器皿制作较好一些。署“体和殿”款的慈禧太后专用瓷做工较精致，胎子坚密，釉面均匀，代表了同治时的最高制作水平。

民窑胎体比咸丰民窑青花更厚重，胎质松软，也有的较为轻薄、瓷质较细者，釉面不平整，多泛莹白，厚釉者更显质粗松软，浑浊，釉面的透明及硬度都不及清早期之器。釉色有粉白和青白两种。

（3）青料

同治青花瓷使用国产青料描绘，有的色泽清丽，有的色深发黑，都比较稳定，青花亦都漂浮在釉面上，没有往下沉的感觉。

官窑器前期青花发色比较鲜丽明爽，后期蓝中泛灰。

民窑器色泽有清新明快的一类，也有黑褐灰暗的一类，与清早期青花相比皆有漂浮感，有些青花还有晕散现象。

（4）造型

官窑器多是继承传统式样，有增无减，并无特殊之作。常见的有盘、高足盘碗、碟、盒、罐、缸、花盆（圆形、长方形）、砚、桶炉、赏瓶、三足小壶、撇口瓶、玉壶春瓶等，其中盖盒与花盆最为常见。

龙图案青花瓷器

青花瓷

民窑器有赏瓶、玉壶春瓶、双耳瓶、四方瓶、六方瓶、狮耳瓶、兽耳瓶、撇口瓶、洗口瓶、壁瓶、四节盒、油盒、皂盒、文房用具等。

（5）纹饰

此时常见的纹饰除传统的龙凤、云鹤、夔凤、缠枝花卉、荷池鸳鸯、八仙、婴戏、仕女、山水、博古外，还有很多吉祥寓意的内容，如五谷丰登、状元及第、寿山福海、麒麟送子、万寿无疆、年年有余等。

各种样式的青花瓷

官窑器有云龙、云凤、夔龙、缠枝莲、勾莲、折枝菊花、竹石、蕉叶、葡萄、折枝果、八卦云鹤、博古图、仕女、梵文、寿字、花鸟、梅竹、松竹梅三友图等。

民窑有龙凤、云鹤、山水人物、婴戏、花鸟、狮球等。此时有出现图案画，画意庸俗，画法无章法，画工较粗，笔触呆滞，缺少生气。也有画工精细者，但不能与清早期精品相提并论。

（6）款识

清同治年间青花瓶局部

纹饰意境深远的青花瓷瓶

官窑器款识多数是青花“大清同治年制”六字两行楷书款，写得工整清秀，但不规矩。也有“同治年制”四字两行楷书款，字写得大而肥，看起较拙。同治青花的篆书款极少。另外官窑瓷器还多署“体和殿”“大雅斋”和“天地一家春”款，此数款的均为慈禧用的专用瓷款识。“体和殿”是慈禧太后饮食休息场所，同治九年（1870 年）御窑厂专为体和殿烧制了百双大鱼缸，汇同其他器皿约万件，皆署的是“体和殿制”款识。款字均为篆书，写得方正谨严。以红彩居多，还有少量青花款。“大雅斋”款多横书，以碗和花盆等较为常见，款字多书在外口沿下。“天地一家春”款为篆书，外饰二龙戏珠纹，书在器物的外口沿下，多与“大雅斋”同时使用。

堂名款有“慎思堂制”“务本堂制”“竹雪轩制”“本和殿制”等。

同治官款整体字体布局工整，笔画粗，用笔拘谨，青花浓艳，个别有晕散。

民窑款大致有两类，一为年号款，有“大清同治年制”和“同治年制”两种，以楷书为主，六字或四字两行；二为印章是篆书款，且草率欠工细。其中篆书图章款较多，宇迹很草。堂名款有乐寿堂、务本堂、九思堂、

清代青花茶壶

诒谷堂、竹雪轩、敬顺斋、涵德斋等。

21. 光绪青花瓷

（1）概述

清光绪（1875—1908年）朝，历时34年，由于清政府顽固的坚持封建专制统治，对内采取高压专制统治，对外保守投降，致使政治腐败、管理混乱、经济落后、市场萧条、民不聊生。西方列强凭借不平等条约，不断从沿海向内地渗透。洋人凭借各种优势，不择手段地掠夺大量中国优质古瓷。不少官员和商人，投西方人所好，醉心于发古玩之财。在他们的推波助澜下，

清光绪年间豆青青花獅纹瓶

景德镇仿古瓷买卖应运而生。

据《清档·内务府工业清册》记载，光绪元年（1875 年）和光绪二年（1876 年），景德镇御窑厂先后为朝廷烧制过大量的青花瓷、粉彩瓷和各种色釉大缸。其中专供内宫使用的瓷器上署有“长春宫制”“储秀宫制”和“坤宁宫制”等款识。另外，光绪十年（1884 年），为慈禧五十寿辰制作赏赐瓷，花费了白银 15000 两。光绪二十年（1894 年），为慈禧六十大寿烧制了两批瓷器，共花费白银

128400两。光绪三十年（1904年），为慈禧七十岁“万寿庆典”烧制的瓷器又耗费白银38500两。这数次生产的瓷器，品种众多，包括餐具、西餐具、文房用具、陈设瓷、赏赐瓷等各种类型。从“天地一家春”“长春同庆”“吉祥如意”“永乐长春”款的瓷器最为精美。

青花瓷粉盒

（2）胎釉

官窑青花的胎土精良，细腻洁净。胎质比同治时期好，瓷土淘洗较细，胎质较细密，但胎体仍显厚酽。釉面有青白和白色两种，常见“波荡釉”现象。器物足墙微向里斜，足跟较圆滑。

青花瓷碟

民窑器粿粗均有。瓷胎体负量略有提，胎土筛拣较细，胎质细白缜密。也有部分为纯白色，与现代瓷釉面相近。光绪仿康熙瓷器与真品相比较，则胎薄体轻，硬度不够。

光绪青花整体釉汁稀薄，釉面欠莹润、釉色白中泛青。也有一部分釉色粉白，上有爆釉形成的芝麻黑点。釉色青白为主，有一部分浆白釉，釉层薄，致使青花纹饰如浮釉面，缺乏含蓄与韵味。釉面不平，波浪纹现象较多。

喜字碎花青花瓷罐

（3）青料

光绪青花所用青料主要有四种，第一种是传统的浙料，保持着淡蓝清新的传统蓝色，主要用来绘制官窑等高档瓷器；第二种是色泽明丽纯蓝的青料，多用来绘制仿古瓷器，在青花中能见到有规律排列的藏青色点；第三种是色泽鲜艳带紫的蓝色，俗称洋蓝，自同治时期开始就有了，光绪时期中档瓷器大量使用这种青料，是典型的光绪发色，色调漂浮、线条晕散；第四种是蓝中带黑或带灰的发色，这是含杂质较多的土青绘制的，一般用来绘制粗瓷。

（4）造型

光绪瓷器烧造量大，距今时间比较近，因此遗留下来的传世作品超过任何朝代。

光绪官窑瓷器的造型比道光、咸丰和同治时期丰富的多，凡是康、雍、乾时期有的较高档的品种，光绪时期都有仿制。如玉壶春瓶、灯笼尊、牛头尊、凤尾尊、棒槌瓶、天球瓶、柳叶瓶、太白尊、赏瓶、净水钵、香炉、马蹄尊、笔筒、书缸、蒜头瓶、执壶和各式盘碗、盆洗、盅盏等无一不仿。

色泽稳定、纯正、蓝中泛紫的青花瓷

另外还有杯（花卉杯、钟式杯）、漏碟、圆碟、折腰盅、印泥盒、匙、活环双耳花熏、葵花式洗、漏壶、鼻烟壶、盖壶、八方小罐、提梁壶、端把茶壶、钵缸等。大件器皿略有增加，如筒式大花盆、大盘、大鱼缸、大盖罐等。

(5) 纹饰

光绪青花纹饰非常丰富，凡是在清代能见到的纹饰，光绪朝都有绘制。

光绪时青花纹饰多样，虽有不少仿古纹饰，使画法更简单，布白更平稳，内容更丰富。在青花绘制中，咸丰、同治青花瓷大多仅浓淡两个层次，光绪青花在技术上远远超过咸丰、同治时期，与康熙时期青花一样，青花

人物形象逼真的青花瓷

浓淡可以达到多个层次；与康熙青花不同的是，康熙青花发色在釉下，光绪青花发色在釉中。

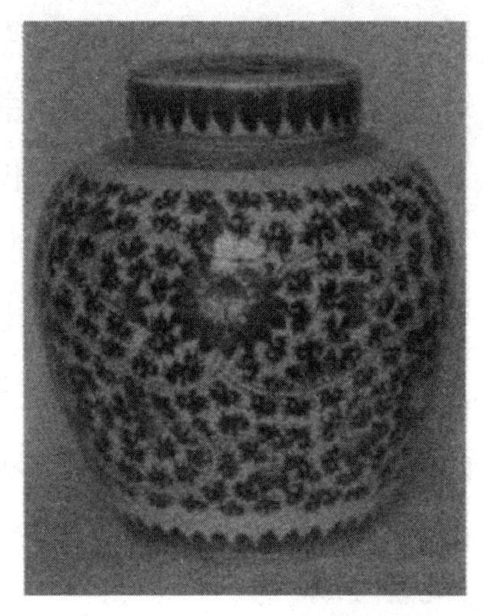

光绪民窑青花瓷

光绪民窑青花纹饰题材有花鸟、云龙、云凤、凤穿花、凤凰牡丹、山水人物、博古、荷莲、百鹿、羲之爱鹅、陶渊明爱菊等。此外还不少寓有吉祥福寿之意的内容，如麒麟送子、富贵白头、连生贵子、多子多福、“福禄寿”三星等，这些纹饰尽管俗气，但反映了当时的一种社会现象。纹饰多布局松散，层次不清，画工草率。

（6）款识

光绪官窑款识以楷书为主，楷、篆并用。官窑瓷器的款识通常采用双行六字楷书“大清光绪年制”款，双行四字“光绪年制”楷款少见。楷书款近似颜柳笔法，峻峭飘逸，锋芒毕露。篆书款少见，多为“大清光绪年制”三行六字。篆款笔画圆润，与道光篆书款相似。

有堂名款的光绪瓷器也不少，如有落“大雅斋”“玉海堂”“宜春堂”“济世堂”“天海堂”“乐敬堂”“满福堂记”“长春宫制”“储秀宫制”“坤宁宫制”等的瓷器，其中以落“大雅斋”款的瓷器最为精美。

青花勾莲贯耳尊

民窑也大多书写“大清光绪年制”的楷书款，但书写潦草、字体歪斜，位置不正。民谣款还有落具体年号的，如“光绪辛巳年制”“光绪十五年上月完立”“光绪辛丑廿七年置”“光绪九年世忠堂”“光绪二十八年陶工仿制”等多种，年款一般不加圈框。光绪民窑的伪托款多用“康熙年制”“若深珍藏”等。

22. 清宣统青花瓷

（1）概述

清宣统（1909—1911年）时期，宣统皇帝在位仅三年，历时很短。青花瓷多见仿古之作，水平也很高，几乎可与康熙青花媲美。由于时代的进步，此时制瓷已采用大规模的机械化生产，所以宣统瓷已具有现代瓷的特征。

据《清档》记载，在宣统二年，清政府命景德镇御窑厂为皇宫烧造了一批瓷器，主要是白釉素瓷，其中也有为数不多的青花瓷。宣统青花基本上是光绪青花的延伸，虽然做工方面有所加强，但技术上始终没有根本性的突破。

宣统二年（1910年），由清政府主持在景德镇成立了江西瓷业公司，总厂设于景德镇，分厂设于鄱阳。公司聚集了当时清朝一批杰出的瓷业人士，他们试用机器制瓷和煤窑烧瓷，采用了当时的先进方法，生产出不少精品瓷器，其中包括一部分青花瓷。一些满清王公贵族在景德镇订烧瓷器，署款“来鹤堂制”“济世堂制”等。

以上三个方面的瓷器加起来数量不大，流传到今天的作品很少，故而非常珍贵。

民窑瓷器继续沿袭光绪传统，国外先进的制瓷技术还没有对民窑产生任何影响。为了满足市场需要，特别是满足广大

高颈青花瓷对瓶

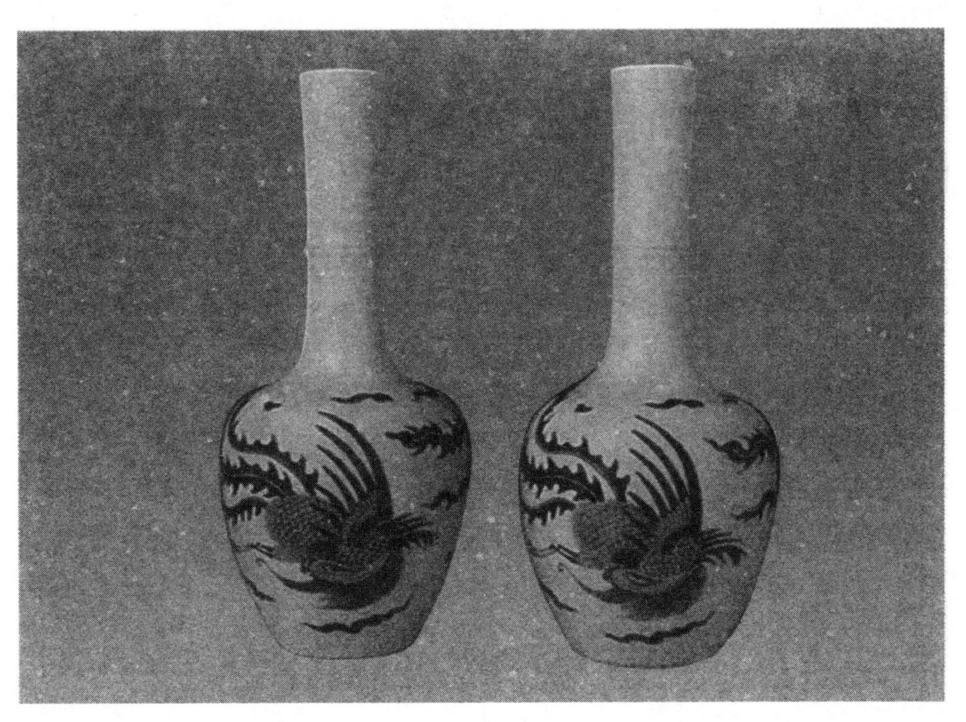

农村市场的需要，民窑粗瓷产量大大增加，间或生产少量仿古瓷和艺术瓷，中档瓷器几乎不见生产，给人们的印象是景德镇瓷业急剧衰落，这正是受当时形势所迫的写照。

(2) 胎釉

宣统官窑瓷胎坚硬，瓷化程度高。胎质纯净、细腻、洁白。用手轻叩瓷胎能发出清脆的金属声音。如果把同治、宣统三朝同类的青花瓷盘作一比较，宣统瓷胎最薄，其次是光绪，最后是同治。

民窑青花瓷的胎体多数较轻薄，胎质细密而莹润，有现代瓷的特点。器型更加规整，胎质高度瓷化，釉面火光十足。

青花山水鸟食罐

宣统官窑釉面有两种，一是青白釉，一是纯白釉，以白釉居多。釉表面不见气泡点，洁白透亮，釉层很薄，但施釉均匀。宣统官窑釉面洁白，与现代釉汁基本相同。究其原因，是在光绪后期，景德镇御窑厂来了一些曾在日本留学专供窑业的人才，如张浩等人，他们通过学习化学方法，把釉汁中微量铁元素清除干净，从而使官窑釉汁达到了洁白的程度。宣统民窑釉面于光绪时期的相同，只是施釉较厚。

（3）青料

青花呈色有三种：第一种是精炼传统青料，鲜亮娇润、釉中发色，色分多层，

清代豆青青花人物罐

万里长城纹饰青花瓷瓶

稳定不晕散，多用于官窑装饰；第二种蓝中带灰，多用于民窑粗器；第三种青中含紫，明艳晕散，色浮釉表，是进口的化学青料，多用于绘制民窑瓷器。

(4) 造型

宣统官窑青花瓷器数量较少，目前所见的有玉壶春瓶、赏瓶、纸槌瓶、盖碗、盖罐、香炉、坛、杯以及各式盘碗等，与光绪器物没有多大区别，只是造型更加规整，胎体更加轻薄，修胎更加精致。碗盘圈足处理非常精细，圈足外墙内倾，内墙垂直，圈足成滚圆的泥鳅背状。

宣统民窑青花瓷器与光绪青花一样，没有多大区别，只是日用瓷多余陈设瓷，粗瓷多于中高档瓷，青花瓷的品种比光绪时少得多。宣统民窑青花与官窑青花相比，是走了两个完全相反的极端。民窑青花瓷器朝着粗糙方向发展，讲究便宜耐用。因此目前所见到的宣统青花，大多胎体厚重，造型笨拙，修胎简单，足底粘有窑砂。

(5) 纹饰

宣统官窑青花纹饰仍以传统纹饰为主，如龙凤、八仙、八宝、八卦、云蝠、云鹤、团花、缠枝莲、寿字等仿清三代纹饰，构图严谨，绘画风格与光绪差不多，但画工更细腻。

宣统民窑青花纹饰基本上是继承光绪纹饰的传统，少有创新。

（6）款识

宣统官窑青花瓷只有“大清宣统年制”六字双行楷书款一种。青料色泽明快、鲜亮，不晕散。字外无圈框，字体似光绪款，笔法遒劲，字体秀丽，具有很高的书法价值。

纹饰华美的青花瓷盘

花鸟纹饰青花瓷茶杯

宣统时期的堂名款有“来鹤堂制”“济世堂制”“宜春堂制”等。

宣统民窑青花款，见具体年号款和干支纪年款，以楷书为主，篆书为辅。如用楷体书写“大清宣统庚戌制造”款，与光绪款识写法基本一致，随意而草率，位置不正，书法水平较低。